Os deuses no exílio

BIBLIOTECA PÓLEN

Para quem não quer confundir rigor com rigidez, é fértil considerar que a filosofia não é somente uma exclusividade desse competente e titulado técnico chamado filósofo. Nem sempre ela se apresentou em público revestida de trajes acadêmicos, cultivada em viveiros protetores contra o perigo da reflexão: a própria crítica da razão, de Kant, com todo o seu aparato tecnológico, visava, declaradamente, libertar os objetos da metafísica do "monopólio das Escolas".

O filosofar, desde a Antiguidade, tem acontecido na forma de fragmentos, poemas, diálogos, cartas, ensaios, confissões, meditações, paródias, peripatéticos passeios, acompanhados de infindável comentário, sempre recomeçado, e até os modelos mais clássicos de sistema (Espinosa com sua ética, Hegel com sua lógica, Fichte com sua doutrina-da-ciência) são atingidos nesse próprio estatuto sistemático pelo paradoxo constitutivo que os faz viver. Essa vitalidade da filosofia, em suas múltiplas formas, é denominador comum dos livros desta coleção, que não se pretende disciplinarmente filosófica, mas, justamente, portadora desses grãos de antidogmatismo que impedem o pensamento de enclausurar-se: um convite à liberdade e à alegria da reflexão.

Rubens Rodrigues Torres Filho

Heinrich [Henri] Heine

OS DEUSES NO EXÍLIO

Seleção e organização
Marta Kawano e Márcio Suzuki

Tradução
Hildegard Herbold, Marta Kawano, Márcio Suzuki,
Rubens Rodrigues Torres Filho e Samuel Titan Jr.

ILUMINURAS

Coleção Biblioteca Pólen
Dirigida por Rubens Rodrigues Torres Filho e Márcio Suzuki

Copyright © 2009 desta edição e tradução
Editora Iluminuras Ltda.

Capa
Fê
Estúdio A Garatuja Amarela
sobre *Alegoria* (1985), bronze pintado [185,4 x 76,2 cm],
Mimmo Paladino. Cortesia Städtische Galerie im Lenbachhaus, Munique.

Revisão
Virgínia Arêas Peixoto e Alexandre J. Silva

DADOS INTERNACIONAIS DE CATALOGAÇÃO NA PUBLICAÇÃO (CIP)
(Câmara Brasileira do Livro, SP, Brasil)

Heine, Heinrich, 1797-1856.
  Os deuses no exílio / Heinrich [Henri] Heine ;
seleção e organização Márcio Suzuki, Marta Kawano ;
tradução Hildegard Herbold, Márcio Suzuki, Marta
Kawano. — São Paulo : Iluminuras, 2009 — [1. reimp. 2014].
(Coleção Biblioteca Pólen / dirigida por Rubens
Rodrigues Torres Filho)

  Título original: Les Dieux en exil.
  ISBN 85-7321-180-6

  1. Filosofia alemã 2. I. Suzuki, Márcio.
II. Kawano, Marta. III. Torres Filho, Rubens
Rodrigues. IV. Título. V. Série.

06-1925   CDD-193

Índices para catálogo sistemático

1. Filosofia alemã   193

2020
EDITORA ILUMINURAS LTDA.
Rua Inácio Pereira da Rocha, 389 - 05432-011 - São Paulo - SP - Brasil
Tel. / Fax: 55 11 3031-6161
iluminuras@iluminuras.com.br
www.iluminuras.com.br

ÍNDICE

NOTA PRELIMINAR, 9

OS DEUSES DA GRÉCIA, 13

OS DEUSES NO EXÍLIO
   Versão francesa (*Les dieux en exil*), 21
   Versão alemã (*Die Götter im Exil*), 71

APÊNDICES
   Trechos suprimidos pelo autor, 101
   Fontes: Jacob e Wilhelm Grimm; Benjamin Thorpe, 107
   Théophile Gautier, *Silvano*, 113
   Eça de Queiroz,
      Correspondência de Fradique Mendes (trecho), 117

DOIS ESTUDOS
   Dioniso em Paris, 125
      Marta Kawano
   A anatomia comparada em literatura, 141
      Márcio Suzuki

NOTA PRELIMINAR

Em 1831, Heinrich Heine é obrigado, por razões políticas, a emigrar para a França. Apesar da distância da terra natal e das dificuldades, por exemplo, com a censura alemã, que em 1835 proíbe a publicação de seus livros, o exílio também é de alguma forma benéfico para o poeta. Em Paris, ele conhece inúmeros escritores, músicos, artistas e personalidades importantes da época, vivendo também uma situação peculiar. Embora estrangeiro, desfruta de grande prestígio junto aos literatos e artistas do país que o acolheu, e, apesar da censura, seus escritos continuam a driblar a linha de defesa dos censores e a ser avidamente consumidos pelo mundo letrado alemão. Ele passa assim a poder se dirigir simultaneamente a dois públicos distintos, marcando presença tanto num quanto noutro lado do rio Reno.

Como outros textos do período parisiense, os *Deuses no Exílio* têm uma história conturbada antes de virem a lume no ano de 1853. Heine, mais uma vez, quer combater nas duas frentes: para que a obra chegue ao maior número de leitores, tenciona lançá-la, como de costume, tanto na imprensa francesa como na alemã. A dificuldade nesse último caso é convencer algum editor a correr o risco de publicar um autor visado pela censura. Este é o motivo por que o relato que faz do paradeiro dos deuses pagãos acaba saindo antes em francês, na *Revue des Deux Mondes* do dia primeiro de abril de 1853. A publicação do original alemão demora mais que o esperado, contrariando o autor, que, na condição de proscrito, era obrigado a correr contra o relógio. Como não tinha legalmente o direito de ver seu nome estampado em livros ou artigos publicados na Alemanha, editores inescrupulosos frequentemente lançavam mão das traduções francesas dos seus textos para fazer versões não autorizadas deles em alemão, com a vantagem pecuniária de não ter de pagar o autor por elas. O receio de Heine tem fundamento: os *Deuses no Exílio* conhecem duas versões "piratas" em alemão antes de serem publicados em 30 de abril de 1853. Neste mesmo ano, outra versão alemã não autorizada seria lançada nos Estados Unidos, e em quatro ocasiões a tradução francesa é editada na Bélgica, sem o consentimento do poeta.

No caso dos trabalhos de Heine, deve-se observar que a existência de duas versões, uma em alemão e outra em francês, tem um interesse que extrapola a mera curiosidade dos aficionados. Como acontece com outros textos seus, a versão francesa de *Os Deuses no Exílio* não tem importância apenas porque é "autorizada e revista" pelo escritor. Os organizadores das melhores edições críticas de suas obras (como, por exemplo, a *Düsseldorfer Ausgabe* utilizada aqui) têm a preocupação de dar às versões francesas o mesmo tratamento que imprimem aos manuscritos do próprio punho do autor. Esta é uma das razões por que se optou, no presente volume, pela tradução integral das duas versões. Outra razão é de ordem histórica: é principalmente pela versão francesa que as obras de Heine foram difundidas e conhecidas na Europa e no Brasil.

Os textos em francês não eram redigidos por Heine, mas as intervenções que faz são em geral tão marcantes e decisivas, que se pode facilmente reconhecer nelas o tom característico, o humor, o colorido peculiar do estilo heiniano. Isso é perceptível mesmo num texto bem menos acabado e fluente, como o dos *Dieux en Exil*, cuja tradução, pela já mencionada urgência da publicação, ficou a cargo do jornalista e tradutor Julius Duesberg. Noutras ocasiões, Heine pôde contar com colaboradores de peso, como Gérard de Nerval e Saint-René Taillandier.

Uma terceira razão a recomendar a tradução do texto em francês é o modo como foi composto. A versão alemã, mais breve, se inicia com um sucinto preâmbulo didático e, tirantes os curtíssimos episódios a respeito de Apolo, Marte, Plutão e Netuno, é composta basicamente de três mitos: Baco, Mercúrio e Júpiter. A versão francesa tem composição mais complexa: uma introdução romanesca recapitula as tentativas frustradas do bacharel Henri Kitzler de escrever um livro sobre a *Magnificência do Cristianismo*, e em seguida vêm as lendas de Vênus e de Tannhäuser. Toda essa parte é uma transposição, com modificações, de um longo trecho de um livro mais antigo, os *Espíritos Elementares*, de 1837. A essa parte — conhecida também como *Espíritos Elementares II*, porque trata de uma divindade antiga e não mais dos deuses da mitologia dos povos nórdicos —, se agregam as novas narrativas contidas no manuscrito alemão.

Este volume inclui, portanto, a tradução da versão francesa e da versão alemã de *Os deuses no exílio*, seguida da tradução das variantes não publicadas, assim como das lendas populares utilizadas como fonte pelo autor. Sem contar as inúmeras fontes eruditas e populares de que provavelmente tinha notícia, cabe lembrar que o tema da estátua de mármore foi tirado da novela *A estátua de mármore* (1816-1817), de Joseph von Eichendorff, e da *Vênus em Roma* (1831), de Willibald Alexis. Heine mesmo indica as fontes nos *Espíritos Elementares*. O tema também foi trabalhado por Prosper Merimée em *La Vénus d'Ille* (1837).

Antes mesmo de vir a público, a concepção heiniana dos deuses exilados já se havia difundido e se tornado bastante popular entre os franceses, tendo recebido uma espécie de continuação no *Sylvain* (1855), de Théophile Gautier. O impacto da ideia de transformação dos deuses pode ser sentido também em Eça de Queiroz. Conforme Jaime Batalha Reis, o poeta alemão foi o escritor de "maior influência" sobre Eça no período em que este cortejou o romantismo — uma influência que também se fez sentir em outros autores portugueses da mesma geração. Como não sabia alemão, o futuro criador de *Os Maias* lia os escritos de Heine em francês. Foi assim também com *Les dieux en éxil*.[1] A primeira adaptação que Eça faz do livro se encontra nas *Prosas Bárbaras*, embora elas cometam certa *impiedade* com o texto em que se inspiram. Já além do ambiente romântico, a *Correspondência de Fradique Mendes* volta ao tema inteiramente dentro do espírito do escritor alemão. Por essa razão, o trecho que interessa para a "recepção" do tema na obra de Eça foi transcrito aqui.

Cabe também remeter o leitor à "continuação" que Jorge Luis Borges dá à história do exílio dos deuses no conto (ou "crônica", como quer o narrador) *Rognarök*, de "El hacedor", em cujo final, também inteiramente no espírito humorístico de Heine, se dá "alegremente morte aos deuses".

Dois estudos fecham este volume: o primeiro repertoria a presença do tema dos deuses no exílio na literatura francesa; o segundo discute o trabalho de Heinrich Heine como mitógrafo.

Este livro se beneficiou das indicações e sugestões de Jean Briant e Samuel Titan Jr., assim como da presteza de Michele Gialdroni e Paulo Francisco Butti de Lima.

---

[1] In: *Obras Completas de Eça de Queiroz*. Porto: Lello, s.d., v. I, pp. 553-554 e 561.

OS DEUSES DA GRÉCIA[2]

Heinrich Heine

Tradução de Rubens Rodrigues Torres Filho

---

[2] O poema *Deuses da Grécia* (*Die Götter Griechenlands*) faz parte do ciclo *Die Nordsee* (*O Mar do Norte*), composto por Heine em 1825-1826. Friedrich Schiller já havia escrito uma elegia com o mesmo título (versão definitiva de 1788), à qual Heine alude tematicamente e também por certos efeitos sonoros, como a terminação de versos em a, rara no alemão (a primeira estrofe do poema de Schiller termina, por exemplo, com "Venus Amathusia!", e Heine muda parodicamente o epíteto da deusa, transformando-a em "Venus Libitina!". Pouco antes há também um "Jupiter Parricida!"). O poema é a primeira aparição mais clara do tema dos deuses vencidos na obra do autor.

Lua florescente! Na tua luz,
Como ouro que flui, o mar resplandece;
A claridade do dia, mas enfeitiçada pelo crepúsculo,
Plana sobre a ampla superfície do litoral;
No céu claramente azul, sem estrelas,
Pairam as brancas nuvens,
As colossais imagens de deuses,
De mármore luminoso.

Não, nunca são nuvens!
São eles mesmos, os deuses de Hélade,
Que outrora dominavam alegremente o mundo,
Mas agora, repelidos e mortos,
Estão por aí como monstruosos fantasmas
No céu da meia-noite.

Assombrado, e num deslumbre estranho, eu contemplo
O Panteão arejado,
As solenemente mudas, terrivelmente movidas
Figuras gigantescas.
Ali está Kronos, o rei do céu,
As madeixas brancas como neve,
As famosas madeixas que fazem estremecer o Olimpo.
Ele mantém na mão o relâmpago apagado.
Em seu rosto há infortúnio e desgosto,
E no entanto sempre o antigo orgulho.

Eram tempos melhores, ó Zeus,
Quando tu celestialmente te deliciavas
Com mancebos e ninfas e hecatombes;
No entanto nem os deuses regem eternamente,
Os moços repelem os velhos,
Como tu mesmo também um dia
Repeliste o velho pai
E a fúria dos Titãs,
Júpiter Parricida!
Também a ti conheço, orgulhosa Juno!
Apesar de todo teu medo ciumento,
Uma outra conquistou o cetro
E já não és a rainha do céu
E teu grande olho está apavorado
E teus braços de lírio estão impotentes,
E nunca tua vingança atinge
A donzela fecundada por deus
E o prodigioso filho de deus.
Também a ti conheço, Palas Atena!
Com égide e sabedoria não podias
Evitar a corrupção dos deuses?
Também conheço a ti, Afrodite,
Outrora de cabelos de ouro! Agora de prata!
Decerto te enfeita o estímulo amoroso do cinturão,
Mas secretamente me apavora tua beleza,
E se teu corpo generoso quisesse me dar alegria,
Como a outros heróis, eu morreria de medo —
Tu me pareces a deusa dos mortos,
Vênus Libitina!
Não mais com amor te contempla
O pavoroso Ares,
Tão triste olha o Febo Apolo,
O jovem. Sua lira calou,
Que soava tão alegre no festim dos deuses.
Ainda mais triste parece Hefesto,

E na verdade, o aleijado! já não
Atrapalha o serviço de Hebe,
E oferece, ocupado, à reunião
O mais apetitoso néctar — e desde muito se extinguiu
A gargalhada inextinguível dos deuses.

Eu nunca vos amei, ó deuses!
Pois repugnantes são para mim os gregos,
E até os romanos detesto.
No entanto santa misericórdia e espantosa comiseração
Invadem meu coração,
Quando vos vejo agora lá no alto,
Deuses abandonados,
Sombras mortas que vagueiam pela noite,
Fraqueza de nuvens, que o vento dissipa —
E se eu considero quão covardes e ventosos
São os deuses que vos derrotaram,
Os novos, dominantes e tristes deuses,
A malícia na pele de carneiro da humildade —
Ah! Então me capta um escuro rancor,
E eu poderia estraçalhar os novos templos,
E lutar por vós, deuses antigos,
Por vós e vosso bom direito à ambrosia,
E diante de vossos altares
Reconstruídos, exalando sacrifícios,
Eu mesmo gostaria de ajoelhar-me e rezar,
E levantar em súplica os braços —

Pois, enfim, ó deuses antigos
Se antigamente participastes dos combates dos homens,
Sempre tomando o partido dos vencedores,
O homem é mais magnânimo que vós
E no combate dos deuses tomo
O partido dos deuses vencidos.

*

Assim falei, e visivelmente avermelharam-se
Lá no alto as pálidas sombras de nuvens
Que me olhavam como moribundas,
Transfiguradas pela dor, e subitamente desapareceram,
A lua justamente se escondeu
Atrás das nuvens, que alteavam mais escuro;
Também o mar ia alto
E vitoriosas apareciam no céu
As eternas estrelas.

Henri Heine

OS DEUSES NO EXÍLIO

OS DEUSES NO EXÍLIO
(Les Dieux en exil)

Tradução de Marta Kawano

Todos nós nos vamos, homens e deuses, crenças e tradições... Talvez seja uma obra piedosa preservar estas últimas de um completo esquecimento embalsamando-as, não pelo medonho processo de Gannal[3], mas pelo emprego de arcanos que não se encontram senão na farmácia do poeta. De fato, as crenças se vão, e com elas as tradições. Elas perecem, não somente em nossos países civilizados, mas até mesmo nas terras mais setentrionais do mundo, onde há pouco ainda floresciam as superstições mais viçosas. Os missionários que percorrem essas frias regiões se queixam da incredulidade de seus habitantes. No relato de uma viagem feita por um ministro dinamarquês ao norte da Groenlândia, conta-nos ele que interrogou um ancião a respeito das crenças atuais do povo groenlandês. O velhinho lhe respondeu: "Antigamente, a gente ainda acreditava na lua, mas hoje já não se acredita nela."

Paris, 19 de março de 1853.

---

[3] Jean-Nicolas Gannal (1791-1852): *História das embalsamações e da preparação de peças de anatomia.* Paris: 1841.(NT)

Singular ofício este, de escritor! Uns têm sorte nesta profissão, outros não, porém o mais infortunado dos autores é, sem dúvida alguma, meu pobre Henri Kitzler, bacharel em Letras em Göttingen. Ninguém naquela cidade é tão erudito, tão rico em ideias e tão laborioso quanto ele e, no entanto, nem um único opúsculo seu foi lançado até agora na feira de livros de Leipzig. O velho bibliotecário Stiefel[4] não conseguia conter o riso todas as vezes que Henri Kitzler ia lhe pedir algum livro do qual precisava muito para terminar uma obra que tinha na "ponta da pena" — "Você ainda vai continuar penando nisso por muito tempo", murmurava então o velho Stiefel subindo a escada clássica que conduzia às prateleiras mais altas da biblioteca.

O sr. Kitzler era visto, em geral, como um tolo, mas na verdade não passava de um homem honesto. Todos ignoravam o verdadeiro motivo pelo qual nenhum livro seu vinha a lume. Eu o descobri somente por acaso, numa noite em que fui lhe pedir para acender a chama de minha vela na dele — pois ele morava no quarto vizinho ao que eu ocupava. Ele acabara de terminar seu grande trabalho sobre a *Magnificência do Cristianismo*, mas longe de parecer satisfeito com a obra, fitava o manuscrito com melancolia.

— Seu nome, exclamei, vai enfim figurar no catálogo de livros lançados na feira de Leipzig?

---

[4] Trata-se provavelmente de alusão ao velho bedel da biblioteca da universidade de Göttingen, Johann Ludwig Ernst Stiepel, falecido em 1828. (NT)

— Ah! Não, respondeu-me soltando um suspiro profundo, vou ser forçado a lançar ao fogo este trabalho, como fiz com os outros...

Ele então me confiou seu terrível segredo: a cada vez que escrevia um livro, era acometido pelo maior dos infortúnios. Quando tinha esgotado todas as provas em favor de sua tese, acreditava-se obrigado a desenvolver igualmente todas as objeções que um adversário poderia fazer valer. Buscava então os argumentos mais sutis de um ponto de vista contrário e, como estes insensivelmente deitavam raízes em seu espírito, ocorria que, acabada a obra, suas ideias se haviam pouco a pouco modificado, e a tal ponto, que formavam um conjunto de convicções diametralmente opostas às suas opiniões anteriores. Mas também quando isso acontecia, era homem suficientemente honesto para incendiar o laurel da glória literária no altar da verdade, ou seja, para bravamente lançar seu manuscrito ao fogo. Eis por que suspirou do mais fundo do coração, meditando sobre o livro no qual havia demonstrado a magnificência do cristianismo. — Fiz, disse ele, extratos dos Pais da Igreja que davam para encher vinte cestos. Passei noites inteiras apoiado numa mesa lendo os Atos dos Apóstolos, enquanto em seu quarto vocês bebiam *punch* e cantavam *Gaudeamus igitur*.[5] Pelas brochuras teológicas de que precisava para meu trabalho, paguei à livraria Vanderhoek & Ruprecht[6] o preço de 38 escudos duramente ganhos, quando com esse dinheiro poderia ter comprado o mais belo cachimbo de espuma do mar. Trabalhei penosamente durante dois anos, dois preciosos anos de minha vida. Tudo isso para me tornar ridículo e baixar os olhos como um mentiroso pego em flagrante quando a senhora conselheira áulica Blank[7] me perguntar — Quando afinal

---

[5] "Gaudeamus igitur, juvenes dum sumus!" (Regozijemo-nos, pois, enquanto somos jovens). Canção estudantil. (NT)

[6] Editora, ainda em atividade, que na época era conhecida por publicar livros de teologia. (NT)

[7] Possível referência à esposa de Gottlieb Jakob Planck, teólogo de Gottingen. (NT)

vai ser lançada sua *Magnificência do cristianismo*? Ai de mim! o livro está pronto, prosseguiu meu pobre amigo, e sem dúvida meu trabalho haveria de agradar ao público, pois nele glorifiquei o triunfo do cristianismo sobre o paganismo e demonstrei que, com isso, a verdade e a razão suplantaram a mentira e o erro, mas, infortunado mortal que sou, sei, do fundo da alma, que aconteceu o contrário, que a mentira e o erro...

— Silêncio! — exclamei, alarmado, com razão, pelo que ele ia dizer, — silêncio! Você realmente ousa, cego que é, rebaixar o que há de mais sublime e obscurecer a luz? Mesmo negando os milagres do Evangelho você não pode negar que o triunfo do Evangelho foi, por si mesmo, um milagre. A despeito dos esbirros e dos sábios, uma pequena tropa de homens simples penetrou vitoriosamente no mundo romano, munida apenas da arma da palavra... Mas também que palavra!... Em toda parte o paganismo carcomido se desmantelou à voz daqueles estrangeiros, homens e mulheres que anunciavam ao mundo antigo um novo reino celeste e que não temiam nem as garras dos animais ferozes, nem os cutelos dos carrascos ainda mais ferozes, nem o gládio, nem a chama... pois eram ao mesmo tempo o gládio e a chama, o gládio e a chama de Deus! Esse gládio abateu a folhagem murcha e os galhos dessecados da árvore da vida, salvando-a, assim, da putrefação. A chama aqueceu seu tronco gelado; uma folhagem verde e flores odoríferas brotaram de seus galhos renovados. Dentre todos os espetáculos oferecidos pela história, não há nada de tão grandioso, de tão espantoso quanto esse início do cristianismo, suas lutas e seu completo triunfo!

Pronunciava essas palavras tanto mais solenemente quanto, tendo bebido naquela noite muita cerveja de Eimbeck, minha voz havia se tornado mais sonora.

Henri Kitzler não ficou nem um pouco tocado por esse discurso. — Irmão, respondeu-me com um sorriso doloroso e irônico, não se dê tanto trabalho: o que você está me dizendo aí, já aprofundei e expus melhor do que você seria capaz de fazer. Pintei neste manuscrito, e com as cores mais vivas, a época corrompida e abjeta do paganismo. Pela audácia de minhas pinceladas posso até me gabar de estar à altura das melhores obras dos Pais da Igreja. Mostrei como os gregos e os romanos caíram no deboche, seduzidos pelo exemplo de suas divindades, as quais, a julgar pelos vícios de que são acusadas, mal seriam dignas de passar por homens. Afirmei de modo incontestável que, de acordo com o texto do código penal de Hannover, o primeiro dos deuses, Júpiter em pessoa, teria merecido mil vezes a pena das galeras, quando não a forca. Para contrastar, parafraseei em seguida a doutrina e as máximas do Evangelho e provei de que modo os primeiros cristãos, seguindo o exemplo de seu divino mestre, nunca praticaram e ensinaram outra coisa que a moral mais pura e santa, apesar do desprezo e das perseguições de que eram alvo. A parte mais bela de minha obra é aquela em que, tomado de nobre zelo, represento o cristianismo entrando em liça com o paganismo e, semelhante a um novo Davi, derrubando este outro Golias... Mas ai de mim! Esse duelo me aparece agora ao espírito sob um aspecto estranho... Todo o meu amor, todo o meu entusiasmo por essa apologia se apagou a partir do momento em que comecei a refletir sobre as causas às quais os adversários do Evangelho atribuem seu triunfo. Ocorreu, por infelicidade, que alguns escritores modernos me caíram nas mãos, Edward Gibbon, entre outros. Pouco favoráveis às vitórias evangélicas, admiram menos ainda a virtude daqueles cristãos vencedores que mais tarde, à falta do gládio e da chama espirituais, recorreram ao gládio e à chama temporais. Devo confessar? Acabei por sentir também uma certa simpatia profana pelos restos do paganismo, pelos belos templos e estátuas que, bem antes do nascimento de Cristo, já não pertenciam a uma religião morta, mas à arte que vive eternamente. Um dia, quando vasculhava a biblioteca, lágrimas me vieram aos olhos ao ler a defesa dos templos gregos por Libânio. Nos termos mais tocantes, o velho heleno implorava aos bárbaros devotos que poupassem as preciosas obras-primas com que o espírito plástico dos gregos glorificara o mundo. Prece inútil! As flores da primavera da humanidade, esses monumentos de um período que não mais florescerá, pereceram para sempre sob os esforços de um zelo destruidor... — Não, exclamou meu douto amigo continuando sua prece, pela publicação desta obra jamais me hei de associar a semelhante malfeito; não, devo queimá-la, como fiz com as outras! Ó vós! estátuas da beleza, estátuas despedaçadas, e vós, manes dos deuses mortos, sombras bem amadas que povoam os céus da poesia, é a vós que invoco! Aceitai essa oferenda expiatória, é a vós que sacrifico esse livro!

Então Henri Kitzler lançou seu manuscrito ao fogo que crepitava na lareira, e da *Magnificência do cristianismo* logo restou tão-somente um monte de cinzas.

Isso aconteceu em Göttingen, no inverno de 1820, alguns dias antes da noite fatal do primeiro dia do ano, quando Doris, o bedel da Academia, levou uma terrível sova, e oitenta e cinco cartéis foram trocados entre os dois partidos opostos, a *Burschenschaft* e a *Landsmannschaft*.[8] Foram vigorosas bastonadas aquelas que caíram como chuva de pedras sobre os ombros do pobre Doris; mas ele se consolou, bom cristão que era, convencido de que um dia, no reino celeste, seremos recompensados pelos golpes que recebemos aqui embaixo.

Volto ao triunfo do cristianismo sobre o paganismo. De modo algum compartilho da opinião de meu amigo Kitzler, que condenava com tanta amargura o zelo iconoclasta dos primeiros cristãos. Penso, ao contrário, que estes não deviam nem podiam poupar os velhos templos e as estátuas antigas, pois nesses monumentos ainda vivia a antiga serenidade grega e os costumes alegres que, aos olhos dos fiéis, pertencem ao

---

[8] O bedel Doris: Christoph Conrad Dohrs. *Burschenschaft* e *Landsmannschaft* são corporações estudantis rivais conhecidas por sua violência, muito comuns nas cidades universitárias alemãs até o século XX. (NT)

domínio de Satã. Nas estátuas e nos templos o cristão não via apenas o objeto de um culto vazio e de um erro vão; não, ele tomava os templos por fortalezas de Satã, e, quanto aos deuses que essas estátuas representavam, acreditava-os animados de uma existência real: segundo ele, eram nada mais nada menos que demônios. Os primeiros cristãos também sempre se recusaram a fazer sacrifícios aos deuses e a ajoelhar-se diante de seus simulacros, e quando, por essa razão, foram acusados e arrastados aos tribunais, sempre responderam que não deviam adorar demônios. Preferiam sofrer o martírio a mostrar a menor veneração pelo diabo Júpiter, pela diaba Diana e pela arquidiaba Vênus.

Ó pobres filósofos gregos que nunca puderam compreender essa estranha recusa, vocês também não compreenderam que, em sua polêmica com os cristãos, não tinham de defender uma doutrina morta, mas realidades vivas. Com efeito, não se tratava de dar uma significação mais profunda à mitologia mediante sutilezas neoplatônicas, nem de infundir nos deuses defuntos uma nova vida, um novo sangue simbólico, nem de se esfalfar refutando a polêmica grosseira e material dos primeiros Pais da Igreja, que, com zombarias quase voltairianas, atacavam a moralidade dos deuses! Tratava-se antes de defender a essência do helenismo, sua maneira de pensar e sentir, toda a vida da sociedade helênica, e de se opor, com força, à propagação das ideias e sentimentos sociais importados da Judeia. A verdadeira questão consistia em saber se o mundo grego deveria pertencer a partir de então ao judaísmo espiritualista pregado por aqueles nazarenos melancólicos que baniram da vida todas as alegrias humanas para relegá-las aos espaços celestes, — ou se deveria permanecer sob a alegre potência do espírito grego, que erigira o culto do belo e fizera desabrochar todas as magnificências da terra! A existência dos deuses pouco importava; ninguém mais acreditava naqueles habitantes do Olimpo perfumado de ambrosia, mas, em compensação, que diversões divinas se encontravam em seus templos nos dias de festa e mistérios! Lá se dançava suntuosamente, a fronte cingida de flores; alguns se estendiam em leitos de púrpura para saborear os prazeres do repouso sagrado, e por vezes também se deliciar com gozos mais doces... Essas alegrias, esses risos estrepitosos há muito tempo esvaneceram. Nas ruínas dos templos ainda vivem as antigas divindades, mas na crença popular elas perderam todo poder com o triunfo do Cristo: não passam de demônios malvados que, mantendo-se escondidos durante o dia, vinda a noite saem de suas moradas e se revestem de uma forma graciosa para desencaminhar os pobres viajantes e montar armadilhas aos temerários!

As tradições mais maravilhosas se ligam a essa crença popular. Foi de sua fonte que os poetas alemães extraíram os temas de suas mais belas inspirações. A Itália é normalmente o palco escolhido, e o herói da aventura, algum cavaleiro alemão que, tanto pelos encantamentos da juventude, quanto pela inexperiência, é atraído pelos belos demônios e enredado em suas teias enganadoras. Um belo dia de outono, o cavaleiro passeia sozinho, num lugar desabitado, sonhando com as florestas de seu país e com a jovem loira que deixou em sua terra natal — o jovem galanteador! — Encontra subitamente uma estátua e para, estupefato. Seria a deusa da beleza? Ele está diante dela, e seu pobre coração se vê atraído pelo fascínio antigo. Deverá acreditar em seus olhos? Nunca vira formas tão graciosas. Pressente sob o mármore uma vida mais ardente do que a que flui sob as faces púrpuras das moças de sua terra. Aqueles olhos brancos dardejam olhares a uma só vez tão voluptuosos e tão langorosamente tristes que seu peito se enche de amor e piedade, de piedade e amor. Desde então ele vagueia com frequência por entre as ruínas, e causa estranheza o fato de não mais ser visto participando das orgias dos beberrões ou dos jogos dos cavaleiros. Seus passeios logo se tornam motivo de estranhos rumores. Numa manhã, o jovem, enlouquecido, entra precipitadamente na hospedaria, o rosto pálido e transtornado, paga o que deve, faz a mala e se apressa em atravessar os Alpes de volta.

O que lhe teria acontecido?

Dizem que um dia se dirigiu mais tarde do que de costume às ruínas que tanto estimava. O sol tinha se posto, e as sombras da noite encobriam os lugares onde todos os dias contemplava, horas a fio, a estátua de sua bela deusa. Depois de vagar por muito tempo a esmo, achou-se diante de uma *villa* que nunca notara naquela região. Qual não foi seu espanto quando viu saírem criados que, com tochas nas mãos, convidaram-no a passar a noite ali! Seu espanto redobrou ao perceber caminhando sozinha, no meio de um sala vasta e iluminada, uma mulher que, pelo porte e pelos traços, guardava a mais íntima semelhança com a bela estátua de seus amores. A semelhança que era tanto maior pelo vestido de musselina de resplandecente brancura e pelo rosto extremamente pálido. Ao ser saudada com cortesia pelo cavaleiro, fitou-o longamente com silenciosa gravidade, e lhe perguntou então se tinha fome. Muito embora sentisse o coração bater com força, o cavaleiro possuía um estômago germânico. Após uma jornada tão longa, desejava se alimentar um pouco e não recusou as oferendas da bela dama. Esta lhe segurou amigavelmente a mão, e ele a seguiu por salas vastas e sonoras que, a despeito de todo o esplendor, deixavam entrever uma certa desolação assustadora. Os candeeiros lançavam uma luz baça nas paredes, ao longo das quais afrescos coloridos representavam todo tipo de histórias pagãs, como os amores de Páris e Helena, Diana e Endimião, Calipso e Ulisses. Grandes flores fantásticas balançavam as hastes em vasos de mármore enfileirados diante das janelas, exalando um odor cadavérico vertiginoso. O vento gemia nas chaminés como o estertor de um moribundo. Ao chegarem à sala de jantar, a bela dama se sentou diante dele, deu-lhe de beber e apresentou-lhe, sorrindo, as mais finas iguarias. Quantas coisas não devem ter parecido estranhas ao nosso ingênuo alemão. Quando foi pedir sal, que faltava à mesa, um tremor quase repugnante contraiu o rosto branco de sua anfitriã, e foi somente após pedidos insistentes do cavaleiro que, visivelmente contrariada, ordenou aos criados que trouxessem o saleiro. Estes, tremendo, colocaram-no sobre a mesa, derrubando quase a metade. Mas o vinho generoso que deslizava como fogo pela garganta tudesca de nosso jovem apaziguou os terrores secretos pelos quais, por vezes, se sentia dominado. Logo ficou confiante, seu ânimo ganhou um matiz jovial, e quando a bela dama lhe perguntou se sabia o que era amar, respondeu com beijos ardentes. Tomado de amor, e talvez também de vinho, logo adormeceu no seio da bela amada. Sonhos confusos, semelhantes às visões que surgem no delírio de uma febre alta, não tardaram a entrecruzar-se em seu espírito. Ora era sua velha avó sentada numa larga poltrona sussurrando apressadamente uma prece noturna; ora eram os risos zombeteiros de enormes morcegos que davam voltas em torno dele segurando tochas nas garras, e nos quais, olhando mais de perto, acreditava reconhecer os criados que lhe haviam servido à mesa. Sonhou, por fim, que sua bela anfitriã se transformara num monstro ignóbil e que ele próprio, atormentado por vivas angústias de morte, decepara-lhe a cabeça. Foi somente no dia seguinte, bem antes do amanhecer, que o cavaleiro acordou de seu sono letárgico, mas no lugar daquela soberba *villa* onde acreditava ter passado a noite, encontrou apenas as ruínas que visitava todos os dias, dando-se conta, com pavor, de que a estátua de mármore que tanto amava caíra do alto do pedestal, e sua cabeça, separada do tronco, jazia a seus pés.

    A narrativa que se segue apresenta quase o mesmo caráter. Um jovem cavaleiro que, em companhia de alguns amigos, jogava o jogo da pela numa *villa* perto de Roma, tirou o anel que o atrapalhava e, para não o perder, colocou-o no dedo de uma estátua. Quando o jogo acabou, o jovem se aproximou novamente da estátua, que representava uma deusa pagã; mas qual não foi seu espanto!, o dedo daquela mulher de mármore estava dobrado, e ele só poderia tirar seu anel quebrando-lhe a mão, mas foi impedido por uma secreta piedade. Correu para relatar o fato extraordinário aos seus companheiros, convidando-os a julgá-lo pelos próprios olhos, mas ao voltar com eles para perto da estátua percebeu que o dedo havia retornado à posição anterior, e o anel havia desaparecido. Algum tempo depois, nosso cavaleiro decidiu receber o sacramento do matrimônio, e suas núpcias foram celebradas; contudo, na própria noite do casamento, no momento em que ia se deitar, uma mulher que, pelo porte e pela fisionomia, assemelhava-se perfeitamente à estátua de que acabamos de falar, avançou em direção a ele dizendo-lhe que o anel colocado em seu dedo os tornara noivos, e que a partir de então ele lhe pertencia como legítimo esposo. Foi em vão que o cavaleiro se defendeu daquela estranha afirmação: a cada vez que queria se aproximar da mulher que acabara de desposar, a mulher pagã se colocava entre eles, de tal modo que, naquela noite, teve de renunciar a todas as alegrias nupciais. Foi assim também na segunda e na terceira noite. O cavaleiro ficou profundamente preocupado. Ninguém podia ajudá-lo, e até os mais devotos diziam não com a cabeça. Por fim ouviu falar de um padre chamado Palumnus, que por diversas vezes realizara bons serviços contra os malefícios dos demônios. Foi então procurá-lo, mas o padre se fez rogar por muito tempo até lhe prometer assistência, pois achava que exporia a própria pessoa aos maiores perigos. Terminou, porém, por desenhar alguns caracteres desconhecidos num pequeno pedaço de pergaminho, e por dar ao nosso enfeitiçado as instruções necessárias. De acordo com elas, o cavaleiro deveria estar à meia-noite numa encruzilhada nos arredores de Roma onde veria passar as mais bizarras aparições, mas deveria permanecer impassível e não se assustar com o que pudesse ver ou ouvir. No momento em que percebesse a mulher em cujo dedo havia colocado o anel, dela deveria aproximar-se e mostrar-lhe o pedaço de pergaminho. O cavaleiro obedeceu a essas ordens. Seu coração batia com força quando, ao soar meia-noite, se achou na encruzilhada indicada e viu passar o estranho cortejo. Eram homens e mulheres pálidos, magnificamente vestidos com roupas de festa da época pagã. Alguns usavam coroas de flores, outros, coroas de louro sobre a fronte reclinada sobre o peito; outros, ainda, caminhavam com inquietação, carregando todo tipo de vasos de prata e outros utensílios próprios dos sacrifícios realizados nos templos antigos. Do meio dessa multidão se erguiam enormes touros de chifres de ouro, ornados com guirlandas de flores. Sobre o magnífico carro triunfal aparecia, coberta de púrpura e coroada de rosas, uma deusa de elevada estatura e resplandecente beleza. O cavaleiro dela se aproximou e lhe mostrou o pergaminho do padre Palumnus, pois acabara de reconhecê-la como aquela que detinha o seu anel. Mal entreviu os caracteres traçados no pergaminho, a deusa levantou as mãos ao céu e soltou um grito de lamento. Lágrimas lhe correram dos olhos e ela gritou, desesperada: "Cruel padre Palumnus! Então ainda não estais satisfeito com os males que já nos infligistes! Mas vossas perseguições logo terão fim, cruel padre Palumnus." E devolveu o anel ao cavaleiro que, na noite seguinte, não encontrou mais obstáculos à união nupcial. Quanto ao padre Palumnus, ele morreu três dias depois do acontecido.

Li pela primeira vez essa história no *Mons Veneris* de Kornmann.[9] Há pouco tempo a encontrei citada por Delrio[10] — que a extraiu de uma obra espanhola — num livro absurdo sobre bruxaria; é provavelmente de origem ibérica. A obra de Kornmann é a fonte de consulta mais importante sobre

---

[9] H. Kornmann, *Mons Veneris, Fraw Veneris* Berg. Frankfurt: 1614. Heine fez excertos da obra. (NT)
[10] Martin Antoine Del Rio, *Disquisitionum magicaraum libri sex*. Veneza: 1652. Heine fez excertos também dessa obra.

o assunto de que trato. Já faz muito tempo que a tive nas mãos, e dela só posso falar de memória; mas esse opúsculo de aproximadamente duzentas e cinquenta páginas, com seus velhos e encantadores caracteres góticos, está sempre presente em meu espírito. Teria sido impresso em meados do século XVII. O capítulo sobre os *Espíritos elementares* é nele tratado da maneira mais aprofundada, e o autor a ele incorporou algumas narrativas maravilhosas sobre a montanha de Vênus. Ao tratar dos espíritos elementares, tive também de falar, a exemplo de Kornmann, da transformação das antigas divindades. Não, estas últimas não são, de modo algum, simples espectros!, pois, como mais de uma vez proclamei, esses deuses não estão mortos: são seres incriados, imortais, que se viram forçados, após o triunfo de Cristo, a retirar-se para as trevas subterrâneas. A tradição alemã relativa a Vênus, como deusa da bondade e do amor, apresenta um caráter inteiramente particular, próprio do romanesco clássico. De acordo com as lendas germânicas, Vênus, após a destruição de seus templos, ter-se-ia refugiado no fundo de uma montanha misteriosa, onde leva uma vida feliz em companhia dos silvanos e das sílfides mais lépidas, das dríades e hamadríades mais graciosas, e de tantos heróis célebres que desapareceram do palco do mundo de maneira misteriosa. Aproximando-nos da morada de Vênus, já de longe ouviremos risos estrepitosos e sons de violão que, semelhantes a teias invisíveis, enlaçam o coração e nos atraem para a montanha encantada. Para nossa sorte um velho cavaleiro, chamado fiel Eckart, faz guarda à entrada da montanha. Imóvel como uma estátua, apoia-se em seu grande sabre de batalha; mas sua cabeça, branca como a neve, balança sem parar, advertindo tristemente dos perigos voluptuosos que nos esperam. Alguns se apavoram a tempo, outros não escutam a voz trêmula do fiel Eckart e se precipitam perdidamente no abismo das alegrias malditas. Tudo caminha bem por algum tempo, mas o homem não gosta de rir sempre: torna-se por vezes silencioso e grave e pensa nos tempos passados, pois o passado é a pátria de sua alma. Começa a ter saudades dessa pátria, gostaria novamente de experimentar os sentimentos de outrora, ainda que sejam apenas sentimentos de dor. Foi o que aconteceu a Tannhäuser, conforme relata uma canção que é um dos monumentos linguísticos mais curiosos conservados pela tradição na boca do povo alemão. Li essa canção pela primeira vez na obra de Kornmann. Pretorius a tomou de empréstimo quase literalmente, e foi a partir de sua versão que os compiladores alemães do *Wunderhorn*[11] a reimprimiram. É difícil fixar de maneira segura a época à qual remonta a tradição do Tannhäuser. Ela já pode ser encontrada em folhas volantes impressas há muito tempo. Dela existe uma versão moderna que nada tem em comum com o poema original além de uma certa verdade de sentimento. Como possuo, sem dúvida alguma, o único exemplar, vou aqui trazer a lume este Tannhäuser modernizado:

Bons cristãos, não vos deixei envolver nas redes de Satã; é para edificar vossa alma que entoo a canção de Tannhäuser.

O nobre Tannhäuser, bravo cavaleiro, desejava experimentar amores e prazeres e se dirigiu à montanha de Vênus, onde permaneceu durante sete anos.

— *Ó Venus, minha bela dama, digo-te adeus. Minha graciosa amiga, não quero mais permanecer contigo, tu vais deixar-me ir embora.*

— *Tannhäuser, meu bravo cavaleiro, tu hoje ainda não me beijaste. Vamos, vem logo beijar-me, e diz-me do que tens a te queixar.*

Em tua taça não verti, todos os dias, os vinhos mais finos, e também a cada dia não te coroei a fronte de rosas?

— *Oh Vênus, minha bela dama, os vinhos finos e os beijos ternos satisfizeram meu coração; tenho sede de sofrimentos.*

---

[11] *Des Knaben Wunderhorn* (O corno mágico do menino), antologia de canções populares alemãs recolhidas por Brentano e Arnim (1806-1808). (NT)

Divertimo-nos demais, rimos demais juntos; tenho agora desejo de lágrimas; é de espinhos, e não de rosas que desejo ter a cabeça coroada.

— Tannhäuser, meu bravo cavaleiro, tu queres te indispor comigo; mas juraste-me mais de mil vezes que nunca me deixarias. Vem, vamos ao meu quartinho, lá nos entregaremos a amorosas diversões. Meu corpo branco como o lírio dissipará tua tristeza.

— Oh Vênus, minha bela dama, teus encantos permanecerão eternamente jovens, por ti mais corações incendiar-se-ão do que até agora se incendiaram.

Mas quando penso em todos os deuses e heróis que foram seduzidos por teus atrativos, teu belo corpo branco como lírio começa a me repugnar.

Teu belo corpo branco como lírio quase me inspira nojo quando penso em quantos nele ainda se deleitarão.

— Tannhäuser, meu bravo cavaleiro, tu não deverias falar-me assim; preferiria ver-te bater-me, como tantas vezes fizeste.

Sim, preferiria ver-te bater-me, cristão frio e ingrato, a ver-te lançar-me à face insultos que me ferem o orgulho e me partem o coração.

É, sem dúvida, por te ter amado demais que me fazes tais injúrias. Adeus, parte então, eu o permito; vou eu mesma abrir-te a porta.

Em Roma, em Roma, a cidade santa, as pessoas cantam e os sinos soam; a procissão avança solenemente, e o papa caminha no centro.

É Urbano, o Pio Pontífice; ele usa a tiara, e a cauda de seu manto púrpura é carregada por altivos barões.

Ó santo pai! papa Urbano, tu não deixarás esta praça sem antes ter ouvido minha confissão e ter me salvado do inferno.

A multidão abre o cerco, cessam os cantos religiosos. — Quem é esse peregrino pálido e assustado, que se ajoelha diante do papa?

— Ó santo pai! papa Urbano, tu que podes condenar e absolver, subtrai-me aos tormentos do inferno e ao poder do espírito maligno.

Chamo-me nobre Tannhäuser. Queria experimentar amores e prazeres e fui à montanha de Vênus, onde permaneci por sete anos.

A dama Vênus é uma bela mulher, cheia de graças e encantos; sua voz é suave como o perfume das flores.

Assim como a borboleta dá voltas em torno da flor para aspirar-lhe os doces perfumes, minha alma dava voltas em torno de seus róseos lábios.

Os cachos de seus cabelos negros e selvagens lhe caíam sobre sua doce face; e quando aqueles grandes olhos me fitavam, minha respiração parava.

Quando aqueles grandes olhos me fitavam, eu ficava como acorrentado, e foi com muito esforço que escapei da montanha.

Escapei da montanha; mas os olhares da bela dama me perseguem por toda parte; eles me dizem: —Volta, Volta!

De dia, sou semelhante a um espectro miserável; de noite, a vida desperta em mim, meu sonho me conduz para junto de minha bela dama; ela está sentada ao meu lado e ri.

Ela ri, tão feliz e endoidecida, e com os dentes tão brancos! Oh! Quando penso nesse riso, logo me vêm lágrimas aos olhos.

Amo de um amor sem limites. Não há freio para esse amor; é como a queda de uma torrente da qual não se consegue deter as ondas.

Ela cai de rocha em rocha, mugindo e espumando, e quebraria mil vezes o pescoço antes de desacelerar seu curso.

Se possuísse todo o céu, eu o daria a minha dama Vênus; eu lhe daria o sol, eu lhe daria a lua, eu lhe daria todas as estrelas.

Meu amor me consome, e suas chamas são desenfreadas. Seria já o fogo do inferno e as penas abrasadoras dos desgraçados?

Ó Santo pai! Papa Urbano, tu que podes condenar e absolver, subtrai-me aos tormentos do inferno e ao poder do espírito maligno!

O papa eleva as mãos aos céus e diz, suspirando:

— Infortunado Tannhäuser, o feitiço que age sobre ti não pode ser quebrado.

O diabo de nome Vênus é o pior de todos os diabos, e nunca poderia arrancar-te de suas garras sedutoras.

É com tua alma que agora te deves remir dos prazeres da carne.

Doravante estás danado e condenado aos tormentos eternos.

O nobre cavaleiro Tannhäuser caminha rápido, tão rápido que chega a ficar com os pés esfolados. Ele retorna à montanha de Vênus por volta da meia-noite.

A dama Vênus desperta, sobressaltada, sai prontamente de seu leito e logo envolve o bem amado nos braços.

Corre-lhe sangue das narinas, dos olhos lhe caem lágrimas, e ela cobre de lágrimas e de sangue o rosto de seu bem amado.

O cavaleiro se recolhe ao leito sem dizer palavra, e a dama Vênus vai até a cozinha preparar-lhe a sopa.

Ela serve-lhe a sopa, serve-lhe o pão, lava-lhe os pés feridos, penteia-lhe os cabelos arrepiados e se põe docemente a rir.

— Tannhäuser, meu bravo cavaleiro, tu ficaste muito tempo ausente, fala-me das terras que percorreste?

— Dama Vênus, minha bela amiga; visitei a Itália, tinha assuntos para resolver em Roma, fui até lá e voltei então depressa para junto de ti.

Roma está construída sobre sete colinas, lá corre um rio chamado Tibre. Em Roma, vi o papa; o papa te manda recomendações.

Na volta de Roma, passei por Florença, atravessei Milão e escalei bravamente os Alpes.
Enquanto atravessava os Alpes, a neve caía, os lagos azuis me sorriam, as águias grasnavam.
Do alto do Saint-Gothard, ouvi roncar a boa Alemanha; lá embaixo ela dormia o sono dos justos, sob a santa e digna guarda de seus estimados régulos.
Tinha pressa de voltar para junto de ti, dama Vênus, minha amiga. Aqui é um bom lugar para se estar, e nunca mais deixarei tua montanha.

Não quero fazer ao público uma impostura, seja em verso ou em prosa, e confesso francamente que o poema que acabamos de ler é de minha própria lavra, e não pertence a nenhum *Minnesinger* da Idade Média. Sou porém tentado a apresentar a seguir o poema primitivo no qual o velho poeta tratou do mesmo tema. Essa aproximação será muito interessante e instrutiva para o crítico que desejar ver de que maneiras diferentes dois poetas de duas épocas inteiramente opostas trataram da mesma lenda, conservando a mesma fatura, o mesmo ritmo, e quase o mesmo quadro. Tal aproximação deverá salientar distintamente o espírito das duas épocas, e isso seria, por assim dizer, uma anatomia comparada em literatura. Com efeito, ao lermos conjuntamente as duas versões, vemos o quanto a fé antiga predomina no velho poeta, ao passo que no poeta moderno, nascido no início do século XIX, se revela o ceticismo de sua época; vemos como o último, que não está submetido a nenhuma autoridade, dá livres asas à imaginação e não possui outro objetivo ao cantar senão exprimir, em seus versos, sentimentos puramente humanos. O velho poeta, ao contrário, permanece sob o jugo da autoridade clerical; tem um objetivo didático, quer ilustrar um dogma religioso, prega a virtude e a caridade, e, como última palavra de seu poema, procura demonstrar a eficácia do arrependimento na remissão de todo pecado; o próprio papa é repreendido por ter esquecido essa alta verdade cristã e, mediante o bastão dessecado que reverdece entre suas mãos, reconhece, porém tarde demais, a incomensurável profundeza da misericórdia divina.[12] Eis aqui as palavras do velho poeta:

Mas quero agora começar; nós queremos cantar o Tannhäuser e o que lhe aconteceu de maravilhoso com a bela Vênus.

Tannhäuser era um bom cavaleiro, queria ver grandes maravilhas; foi então à montanha de Vênus, onde havia belas mulheres.

— *Tannhäuser, meu bom cavaleiro, eu vos amo, não deveis vos esquecer disso; vós me jurastes que nunca me deixaríeis.*

— *Devo contradizer-vos, Vênus, minha bela dama, eu não o fiz, e Deus é testemunha de que sois a única a afirmar isso.*

— *Tannhäuser, o que estais a me dizer? Deveis ficar comigo; dar-vos-ei como esposa uma de minhas companheiras.*

— *Se desposar outra mulher que não aquela que trago no coração, deverei queimar eternamente no fogo do inferno.*

— *Tu me falas muito do fogo do inferno, porém ainda não o provaste. Pensa em meus lábios róseos que riem todo o tempo.*

— *De que me podem servir teus lábios róseos? Eles são muito perigosos para mim. Deixa-me partir, minha terna dama! Eu te suplico, pela honra de todas as mulheres.*

— *Tannhäuser, meu bom cavaleiro, quereis que vos deixe partir, mas eu não quero.*

Ó nobre e doce cavaleiro, ficai e refrescai vossa alma.

— *Minha alma está doente. Não quero ficar aqui por muito tempo. Deixai-me partir, ó terna dama!, permiti-me abandonar vosso soberbo corpo.*

— *Tannhäuser, meu bom cavaleiro, não faleis assim; perdestes o bom senso. Vamos ao meu quartinho dedicar-nos aos jogos íntimos do amor.*

---

[12] Cf. no Apêndice 1, b trecho suprimido pelo escritor. (NT)

— *Vosso amor se tornou penoso para mim. Em minha ideia, ó Vênus, minha nobre e terna senhorita, sois uma diaba.*
— *Tannhäuser, ah!, por que falais assim comigo? Quereis de toda forma me injuriar? Se tiverdes de ficar mais tempo conosco, devereis pagar por vossas palavras.*

Tannhäuser, se quereis que vos deixe partir, despedi-vos de meus cavaleiros e, onde quer que estejais neste região, deveis celebrar meu louvor.

Tannhäuser saiu da montanha cheio de tristeza e remorso:
— *Quero ir a Roma, a cidade piedosa, e confiar-me inteiramente ao papa. Ponho-me alegremente a caminho, sob a guarda de Deus, para ir ao encontro de um papa que se chama Urbano e ver se ele quererá tomar-me sob sua santa proteção.*

— *Ó santo papa Urbano, meu pai espiritual, diante de vós confesso os pecados que cometi, como vou anunciar-vos.*

Fiquei durante um ano inteiro na casa de Vênus, a bela dama; quero agora confessar-me e fazer penitência para recobrar as boas graças de Deus.

O papa tinha um bastão branco feito de um galho seco:
— *Quando esse bastão florescer, teus pecados serão perdoados.*

— *Se tivesse que viver apenas um ano, um ano sobre esta terra, gostaria de me arrepender e fazer penitência, para recobrar as boas graças de Deus.*

O cavaleiro partiu da cidade cheio de tristeza e sofrimento:
— *Maria, ó santa mãe!, virgem imaculada, é preciso separar-me de ti.*

Vou voltar à montanha, para todo o sempre, para junto de Vênus, minha terna dama, aonde Deus me envia.

— *Sede bem-vindo, meu bom Tannhäuser, senti muitas saudades de vós; sede bem-vindo, meu bem-amado cavaleiro, meu herói que tão fielmente voltou para mim.*

Logo depois, no terceiro dia, o bastão do papa começou a reverdecer; enviaram-se então mensageiros a todas as terras por onde Tannhäuser passara.

Ele voltara para a montanha, onde deve agora permanecer até o Juízo Final, quando Deus o chamar.

Isso é o que nunca padre algum deve fazer, — mergulhar um homem na desolação; quando ele quer se arrepender e fazer penitência, seus pecados devem ser perdoados.

Como isso é magnífico! Já no início do poema encontramos um efeito maravilhoso. O poeta nos dá a resposta da dama Vênus sem antes ter relatado o pedido de Tannhäuser que provoca tal resposta. Por meio dessa elipse nossa imaginação ganha um campo mais livre, sugerindo-nos tudo o que Tannhäuser teria dito, e que seria talvez muito difícil de resumir em poucas palavras. A despeito de sua candura e da piedade medieval, o poeta antigo soube pintar as seduções fatais e os ares desavergonhados da dama Vênus. Um autor moderno e pervertido não teria desenhado melhor a fisionomia dessa mulher-demônio, dessa diaba de mulher que, mesmo com toda a altivez olímpica e com a magnificência de sua paixão, não conseguiu esconder a mulher galante; é uma cortesã celeste e perfumada de ambrosia, uma divindade de camélias e, por assim dizer, uma deusa-cortesã[13]. Se remexer em minhas lembranças, é possível que me lembre de tê-la encontrado um dia ao passar pela praça Breda[14], que ela atravessava num passo deliciosamente lépido. Vestia um capote de refinada simplicidade, e estava envolta, do queixo aos calcanhares, num magnífico xale da Índia cuja ponta roçava a calçada. "Dê-me a definição dessa mulher", disse ao senhor de Balzac, que me acompanhava. "— É uma cortesã, respondeu o romancista." "— Na minha opinião, ela estava

---

[13] Em francês: *déesse entretenue*. Jogo de palavras com *femme entretenue*, "cortesã". (NT)
[14] Como assinala Ariane Neuhaus-Koch, a praça Breda, juntamente com a região de Notre Dame de Lorette, era conhecida desde o início do século XIX como o "quartier général des filles galantes". (NT)

mais para uma duquesa." De acordo com as informações de um amigo comum que se aproximou, reconhecemos que ambos tínhamos razão.

Assim como o caráter da dama Vênus, o velho poeta soube traduzir o de Tannhäuser, esse bom cavaleiro que é o cavaleiro Des Grieux[15] da Idade Média. Que belo lance ainda quando, no meio do poema, Tannhäuser se dirige subitamente ao público em seu próprio nome, e narra o que caberia antes ao poeta narrar, a saber, o modo como ele, desesperado, percorre o mundo. Isso pode nos parecer inaptidão de um poeta inculto, mas, em sua ingenuidade, semelhantes acentos produzem efeitos maravilhosos.[16]

O poema de Tannhäuser foi escrito, ao que parece, pouco tempo antes da Reforma: a lenda de que trata não é muito anterior, e talvez lhe anteceda em apenas um século. Assim, a dama Vênus só surge muito tardiamente nas tradições populares da Alemanha, ao passo que outras divindades, Diana, por exemplo, já são conhecidas desde o começo da Idade Média. Nos séculos VI e VII, Diana já figura como gênio malfeitor nos decretos dos bispos. Desde então, é normalmente representada a cavalo, ela que, noutros tempos, calçada graciosamente e leve como a corça que perseguia, percorria a pé as florestas da antiga Grécia. Durante quinze séculos as formas mais diversas foram atribuídas a essa divindade, e ao mesmo tempo seu caráter sofreu a mais completa transformação. Neste ponto me vem ao espírito uma observação cujo desenvolvimento ofereceria matéria suficiente para as mais interessantes investigações. Limitar-me-ei, contudo, a indicá-la, abrindo caminho para eruditos sem trabalho, operários do pensamento em greve. Contentar-me-ei em apontar sucintamente que, por ocasião da vitória definitiva do cristianismo, ou seja, no século III (e IV), os

---

[15] Protagonista da *História do cavaleiro Des Grieux e de Manon Lescaut* (1731), de Prévost. (NT)
[16] Cf. no Apêndices, c, trechos suprimidos pelo autor. (NT)

antigos deuses pagãos se viram às voltas com as mesmas dificuldades e necessidades que já haviam experimentado nos tempos primitivos, ou seja, naquela época revolucionária em que os Titãs, forçando as portas do Tártaro, amontoaram o Pélion sobre o Ossa e escalaram o Olimpo. Esses pobres deuses e deusas foram obrigados a fugir ignominiosamente, e vieram se esconder entre nós, sobre a terra, valendo-se de todo tipo de disfarce. A maior parte deles se refugiou no Egito onde, para sua maior segurança, revestiram-se da forma de animais, como Heródoto nos ensina.[17]

Foi exatamente da mesma maneira que as divindades do paganismo tiveram de fugir e buscar a salvação sob disfarces de toda espécie e nos esconderijos mais obscuros quando o verdadeiro Deus apareceu com a cruz, e os iconoclastas fanáticos, a banda negra dos monges, demoliram os templos e lançaram o anátema contra os deuses proscritos. Grande número desses emigrados olímpicos, que já não tinham asilo nem ambrosia, precisaram então recorrer a um honesto ofício terrestre para ter ao menos com que ganhar a vida. Alguns deles, cujos bens e bosques sagrados foram confiscados, se viram até mesmo forçados a trabalhar como simples diaristas entre nós, na Alemanha, e a beber cerveja em vez de néctar. Diante dessa extrema necessidade, Apolo parece ter se resignado a pôr-se a serviço dos criadores de gado; assim como outrora havia cuidado das vacas do rei Admeto, viveu como pastor na Baixa-Áustria, mas seus cantos harmoniosos despertaram as suspeitas de um monge erudito, que nele reconheceu um antigo deus pagão e o entregou ao tribunais eclesiásticos. Submetido à tortura, confessou ser o deus Apolo. Pediu permissão para tocar a lira e cantar ainda uma vez antes de ser conduzido ao suplício. Mas tocou de modo tão enternecedor, havia em seu canto um fascínio tão poderoso e, além do mais, tinha um talhe e um rosto tão belos, que

---

[17] Segundo Ariane Neuhaus-Koch, não se encontra em Heródoto passagem a esse respeito. (NT)

todas as mulheres começaram a chorar, e algumas até mesmo adoeceram em consequência da emoção. Algum tempo depois, quiseram retirar o corpo da tumba para cravar-lhe no ventre uma estaca: acreditava-se que seria um vampiro, e que as mulheres doentes curar-se-iam com o emprego desse remédio caseiro de eficácia geralmente reconhecida; mas ao abrirem a tumba, ela estava vazia.

Quanto a Marte, o antigo deus da guerra, inclino-me a acreditar que, no tempo do feudalismo, ele teria conservado seus antigos hábitos na qualidade de cavaleiro de brigada. O esguio vestfaliano Schimmelpenning, sobrinho do carrasco de Münster[18], encontrou-o em Bologna como executor de altas obras. Algum tempo depois, Marte serviu como lansquenete sob as ordens do general Frondsberg[19], e assistiu à tomada de Roma. Deve certamente ter sentido um cruel pesar ao ver destruírem com tanta ignomínia sua querida cidade e os templos onde ele próprio havia sido adorado, assim como os templos dos deuses seus primos.

A sorte de Baco, o belo Dioniso, foi mais feliz, após a grande derrocada, do que a de Marte e Apolo. Eis o que narra a esse respeito a lenda da Idade Média:

"Há no Tirol lagos muito extensos, rodeados de florestas cujas árvores se erguem até o céu, refletindo-se com magnificência nas ondas azuladas. Barulhos tão misteriosos saem das águas e dos bosques, que deixam estranhamente comovido quem passeia sozinho por esses lugares. À margem de um desses lagos ficava a cabana de um jovem que vivia do produto da pesca e que, quando um viajante queria atravessar o lago, exercia ainda o ofício de barqueiro. Ele tinha um grande barco amarrado a um velho tronco de árvore, não muito longe de sua morada. Um dia, à época do equinócio de outono, por volta da meia-noite, ouviu baterem em sua janela.

---

[18] Referência provável a Heinrich Schemmelpenninc ou Scymmelpenninch, da cidade de Soest, nota: Ariane Neuhaus-Koch. (NT)
[19] Georg von Frundsberg (1473-1528). (NT)

Ao transpor a soleira de sua porta, percebeu três monges que tinham os capuzes abaixados sobre o rosto e pareciam estar muito apressados. Um deles, impaciente, pediu-lhe que emprestasse seu barco, prometendo devolvê-lo no mesmo lugar algumas horas depois. Os monges estavam em três; o pescador que, em tais circunstâncias, não tinha como hesitar, desatracou o barco e, quando os três viajantes que nele subiram já avançavam pelo lago, voltou para sua cabana e se deitou outra vez. Jovem como era, logo adormeceu de novo, mas foi despertado depois de algumas horas pelos monges, que estavam de volta. Quando novamente foi ter com eles, um deles colocou-lhe na mão uma moeda de prata como pagamento pela travessia; em seguida os três foram embora apressadamente. O pescador foi ver como estava seu barco, que encontrou firmemente amarrado, e se sacudiu fortemente, como fazemos no inverno para aquecer os membros adormecidos, pois sentiu um arrepio, que não se devia à influência do ar fresco da noite. Uma estranha sensação de frio lhe correra por todo o corpo e quase lhe gelara o coração no momento em que o monge tocara sua mão, dando-lhe a moeda: os dedos do monge estavam frios como gelo. Durante muito tempo, o pescador se lembrou dessa circunstância; mas a juventude sempre acaba por se desfazer das lembranças sinistras, e o pescador já não pensava nesse acontecimento quando, no ano seguinte, no mesmo dia do equinócio, por volta de meia-noite, ouviu baterem novamente na janela de sua cabana. Eram os monges do ano anterior, tão apressados quanto da primeira vez. De novo requisitaram o barco, que o jovem lhes confiou, desta vez com menos hesitação. Depois de algumas horas, quando os viajantes já estavam de volta e um deles, para pagar a passagem ao pescador, colocou-lhe na mão uma moeda de prata, este sentiu, outra vez com pavor, os dedos gelados do monge. O mesmo fato se repetiu todos os anos no mesmo equinócio.

No sétimo ano, ao se aproximar a mesma época, o jovem pescador sentiu o mais vivo desejo de penetrar o mistério que se escondia por detrás dos três capuzes e quis, a todo custo, satisfazer sua curiosidade. Depositou no fundo do barco um monte de redes, fazendo com elas um esconderijo onde pudesse se introduzir sem ser percebido enquanto os monges subissem a bordo. Os três misteriosos viajantes chegaram de fato à hora em que eram esperados, e nosso pescador conseguiu se esconder agilmente sob as redes e tomar parte na travessia. Para seu grande espanto, ela durou muito pouco tempo: normalmente era preciso mais de uma hora para chegar à margem oposta do lago. Seu espanto redobrou ao perceber, naquela região que conhecia perfeitamente, uma clareira que antes nunca notara, rodeada de árvores cuja espécie parecia pertencer a uma vegetação de outro lugar. Inúmeros candeeiros pendiam dos galhos das árvores: sobre soços elevados foram colocados nos vasos onde reluzia resina silvestre; além disso, a lua lançava uma claridade tão viva que o jovem pôde ver, tão distintamente quanto em pleno dia, a multidão reunida naquele lugar. Havia ali algumas centenas de rapazes e moças, todos de notável beleza, embora as faces tivessem a brancura do mármore. Essa circunstância, aliada à escolha das vestimentas — túnicas muito curtas, com beiradas de púrpura —, dava-lhes o aspecto de estátuas ambulantes. As mulheres tinham enfeitado a cabeça com pâmpanos naturais ou fabricados com fios de prata; seus cabelos, trançados em forma de coroa, caíam numa onda de cachos flutuando sobre os ombros. Os jovens tinham a fronte igualmente cingida de pâmpanos. Homens e mulheres, agitando bastões dourados enrolados em cepas de videira, correram a dar boas-vindas aos recém-chegados. Um deles arrancou o capuz e o hábito, revelando um personagem grotesco cuja face horrivelmente lúbrica e lasciva fazia caretas entre as duas orelhas pontudas, semelhantes às do bode, enquanto seu corpo mostrava um exagero de virilidade tão risível quanto repugnante. O segundo monge se desfez igualmente do hábito monacal; viu-se então um homem gordo, cuja enorme obesidade excitou a hilaridade das mulheres que colocaram, aos risos, uma coroa de rosas sobre sua calva. As figuras dos dois monges, assim como as dos outros participantes, tinham a brancura do mármore; viu-se a mesma brancura no rosto do terceiro homem quando ele, com um ar zombeteiro, tirou o capuz. Quando desamarrou a vil corda que lhe servia de cinto e, num movimento de repulsa, jogou longe sua vestimenta pia e suja de capuchinho, assim como o rosário e o crucifixo nela presos, então se revelou, semicoberto por uma túnica reluzente de diamantes, um jovem dotado das mais belas formas, ainda que as ancas arredondadas e o porte muito delgado possuíssem algo de feminino. Os lábios ligeiramente arqueados e os traços de uma moleza indecisa também conferiam ao jovem uma expressão feminina; mas ao mesmo tempo seu rosto trazia a marca de uma intrepidez altiva, de uma alma viril e heroica. No delírio do entusiasmo, as mulheres cobriram-no de carícias, colocaram-lhe sobre a cabeça uma coroa de hera e jogaram-lhe nos ombros uma magnífica pele de leopardo. Nesse mesmo instante chegou um carro triunfal dourado, com duas rodas e puxado por dois leões, no qual o jovem subiu com a majestade de um rei, mas o olhar sempre sereno e despreocupado. Ele dirigia a feroz parelha com rédeas de ouro. À direita do carro, marchava um dos seus companheiros sem batina, o de face lúbrica e lasciva, e orelhas de bode; enquanto à esquerda cavalgava o grande careca barrigudo que as mulheres, com sua verve galhofeira, haviam colocado em cima de um asno; ele segurava uma taça de ouro que era constantemente enchida de vinho. O carro avançava lentamente; atrás dele rodopiavam os coros dos homens e das mulheres, coroados de pâmpanos e entregues ao delírio da dança. O carro do triunfador era precedido por sua capela, onde se via um jovenzinho bochechudo soprando uma flauta dupla; uma jovem, vestindo uma túnica levantada com ousadia acima dos joelhos, batia na pele do tamborim com as costas da mão; uma outra, igualmente graciosa, o corpo igualmente descoberto, tocava o triângulo; em seguida vinham os trombeteiros, alegres folgazões de pés fendidos e aspecto airoso, mas impudico, que tocavam as fanfarras em bizarros chifres de animais e em conchas marinhas; em seguida, os alaudistas...

Mas caro leitor, ia me esquecendo de que você fez seus estudos e é perfeitamente instruído, de modo que, desde as primeiras linhas, compreendeu tratar-se aqui de um bacanal, de uma festa de Dioniso. Em baixos-relevos ou em gravuras de obras arqueológicas você muitas vezes já viu o pomposo cortejo que segue o deus pagão. Versado como é na Antiguidade clássica, não ficaria muito assustado se, à meia-noite, em meio à solidão de uma floresta, deparasse com a magnífica e fantástica aparição de uma marcha triunfal de Baco e ouvisse a algazarra dessa multidão de espectros festeiros e embriagados.[20] Sentiria quando muito uma espécie de comoção voluptuosa, um arrepio estético, na presença desses graciosos fantasmas saídos de seus sarcófagos seculares ou de debaixo das ruínas de seus templos para celebrar, mais uma vez, os santos mistérios do culto dos prazeres! Sim, essa é uma orgia póstuma: esses espíritos folgazões querem ainda uma vez festejar, com jogos e cantos, a bem-aventurada vinda do filho de Sêmele, o redentor da alegria; querem mais uma vez dançar as danças dos tempos antigos, a polca do paganismo, o cancã da Antiguidade, as danças alegres dançadas sem o saiote hipócrita, sem o controle de um policial da virtude pública, nas quais se entregavam à divina embriaguez, a todo ardor desenfreado, desesperado, frenético: *Evoé Baco*! Como disse, meu caro leitor, você é um homem instruído e esclarecido, e uma aparição noturna desse gênero não iria apavorá-lo, não

---

[20] Em francês "spectres en goguette". *Goguette* é também o modo como em Paris se chamavam certas sociedades báquicas que se reuniam nas tabernas. (NT)

mais do que uma fantasmagoria da Academia Imperial de Música, evocada pelo gênio poético de sr. Eugène Scribe, em colaboração com o gênio musical do célebre maestro Giacomo Meyerbeer. Mas coitado! Nosso pobre barqueiro do Tirol não conhecia nenhuma palavra de mitologia, tampouco fizera qualquer estudo clássico, e foi assim tomado de pavor e terror quando percebeu o belo triunfador sobre seu carro dourado, acompanhado de seus singulares acólitos: ele tremeu diante dos gestos indecentes, dos pulos desavergonhados das bacantes, dos faunos e dos sátiros, aos quais os pés fendidos e os chifres conferiam um ar particularmente diabólico. Toda a pálida assembleia lhe pareceu tão somente um congresso de vampiros e demônios que, em seus malefícios, tramavam a perdição dos cristãos. Seu estupor aumentou ao ver como as mênades, em suas posturas impossíveis, semelhantes a bruxarias, jogavam a cabeça para trás, os cabelos soltos, mantendo o equilíbrio apenas com a ajuda do tirso. Uma vertigem tomou conta do pobre pescador quando viu o êxtase sinistro das coribantes, que feriam a si próprias com suas pequenas espadas, buscando a volúpia na dor e na carne. O espanto do jovem se tornou estupefação ao perceber um bando de silvanos, faunos e sátiros avinhados, à frente dos quais avançava uma mulher com o corpo semidescoberto e reluzente de luxúria, carregando sobre uma longa vara o famoso símbolo egípcio que você conhece; esse símbolo, ou melhor, essa hipérbole, estava coroado de flores, e a bela desavergonhada o agitava com gestos impudicos, salmodiando numa voz esganiçada uma cantiga infame à qual seus companheiros peludos faziam coro com suas gargalhadas e cambalhotas burlescas. Ao mesmo tempo, os acordes musicais da procissão triunfal, acordes a uma só vez molemente ternos e desesperados, penetraram no coração do pobre jovem como archotes flamejantes; acreditou já estar ardendo no fogo do inferno e correu o mais rápido que pôde para seu barco, onde se encolheu sob as redes.

Batia os dentes, e todos seus membros tremiam, como se Satã já o segurasse pela perna. Pouco tempo depois, os três monges voltaram para o bote e se fizeram ao largo. Quando, ao chegarem à margem oposta, desembarcaram, o pescador soube se esgueirar com tanta agilidade para fora de seu esconderijo, que os monges imaginaram que ele os tivesse esperando atrás dos salgueiros; um deles, com seus dedos gélidos, colocou-lhe, como de costume, uma moeda de prata na mão, e os três partiram apressadamente.

Nosso pescador, tanto para cuidar de sua própria salvação, que julgava ameaçada, quanto por sua solicitude para com todos os cristãos, a quem queria proteger do perigo, acreditou-se obrigado a denunciar aquela história misteriosa aos tribunais eclesiásticos. O prior de um convento de franciscanos nas vizinhanças gozava de grande consideração como presidente de um desses tribunais e, sobretudo, com sábio exorcista. O pescador decidiu ir ter imediatamente com aquele homem digno. De manhã bem cedo, o sol o viu a caminho do convento e logo, os olhos humildemente abaixados, ele se achou diante de Sua Reverendíssima o prior que, vestido com o hábito, o capuz abaixado sobre o rosto, estava sentado em sua grande poltrona de madeira esculpida. O juiz eclesiástico permaneceu em sua atitude meditativa enquanto o barqueiro lhe relatava sua terrível história; quando o outro terminou, ele levantou a cabeça; com esse movimento brusco, seu capuz caiu para trás, e o pescador viu com assombro que Sua Reverendíssima era um dos três monges que todos os anos atravessavam o lago. Reconheceu precisamente aquele que vira, na véspera, sob a forma de um demônio pagão, em cima do carro de vitória puxado por dois leões; era o mesmo rosto pálido, os mesmo traços de uma beleza regular, os mesmo lábios levemente curvos. Um sorriso benevolente se formava em torno daquela boca da qual logo fluíram, com o acento mais melodioso, as palavras de unção: "Meu caríssimo filho em Cristo, acreditamos sinceramente

que você passou a última noite na companhia do deus Baco, sua fantástica visão é prova suficiente disso. Evitaremos falar mal desse deus, que muitas vezes nos faz esquecer nossas preocupações e que rejubila o coração do homem; mas os dons que a bondade divina concede aos humanos são distintos: muitos são os chamados, poucos os eleitos. Há homens que uma dúzia de garrafas não seria capaz de abater. Com toda a humildade cristã, confesso ser um destes seres de elite, e por isso dou graças ao Senhor. Mas há também naturezas incompletas e fracas que meia garrafa de vinho é capaz de derrubar, e parece, meu caríssimo filho em Cristo, que você está entre esses. Aconselhamo-lo portanto a sorver somente com moderação o sumo dourado da parreira e a não mais vir importunar as autoridades eclesiásticas com as alucinações de um bêbado aprendiz. Aconselhamo-lo, outrossim, a não espalhar de modo algum a história da sua última escapadela, e a manter a boca fechada; caso contrário, o Santo Ofício ordenará a seu braço secular que lhe administre umas boas vinte e cinco chicotadas. Por ora, meu caríssimo filho em Cristo, vá até a cozinha do convento, onde o frade celeireiro e o frade cozinheiro farão com que lhe sirvam o desjejum."
E então Sua Reverendíssima deu a benção ao pescador, que se dirigiu à cozinha todo aturdido. Ao ver o frade celeireiro e o frade cozinheiro, quase caiu de costas: eram, com efeito, os dois companheiros noturnos do prior, os dois monges que haviam atravessado o lago junto com ele; o pescador reconheceu a pança e a cabeça pelada de um deles, assim como o rosto do outro, de traços lascivos e lúbricos, e orelhas de bode. Não deixou contudo escapar nenhuma palavra, e não foi senão muito tempo depois, quando seus cabelos já estavam brancos, que contou essa história à sua progenitura, reunida em torno dele no canto da lareira."

Velhas crônicas que narram uma lenda análoga localizam a cena em Speyer, no Reno. Nelas se reconhecem as reminiscências pagãs concernentes à travessia dos mortos, que, também ali, se realizava numa barca fúnebre. É na tradição difundida na costa da Frísia oriental que as ideias antigas relativas à passagem dos finados ao reino das sombras se revelam mais distintamente. Na verdade, em parte alguma se fala de um barqueiro chamado Caronte. Em geral, essa estranha figura desapareceu da tradição popular, conservando-se apenas nos teatros de marionetes; mas a tradição da Frísia nos permite reconhecer um personagem mitológico bem mais importante num negociante holandês incumbido da tarefa de passar os mortos para local de sua destinação póstuma, e que paga o direito comum de pedágio ao barqueiro ou pescador que substituiu Caronte. Por detrás de seu disfarce barroco não tardaremos a descobrir o verdadeiro nome desse personagem. Vou então relatar o mais fielmente possível a própria tradição.

Na costa do Mar do Norte da Frísia oriental, há baías que formam espécies de portos não muito extensos chamados *Siehl*.[21] Numa das pontas mais avançadas dessas enseadas se eleva a casa solitária de um pescador, que vive ali, feliz e satisfeito, com sua família. A natureza é triste nessas paragens, onde nenhum pássaro canta, onde apenas se ouvem as gaivotas, que, de tempos em tempos, se lançam para fora de seus ninhos escondidos na areia anunciando a tempestade com gritos agudos e chorosos. Por vezes aparece também um *goëland*, pássaro de mau agouro que dá voltas sobre o mar, abrindo as asas brancas de espectro. O marulho monótono das ondas que quebram na praia ou contra as dunas harmoniza muito bem com as sombrias fileiras de nuvens que cruzam o céu. Ali, tampouco os homens cantam. Nessa costa melancólica nunca ressoa o refrão de uma canção popular. Os habitantes da Frísia são graves, probos, mais racionais do que religiosos, e, ainda que tenham perdido suas instituições democráticas de antigamente, delas não deixaram de guardar o espírito de

---

[21] Em alemão, a palavra é *Siel*: comporta, represa, adufa. (NT)

independência, herança de seus intrépidos antepassados, que combateram com heroísmo as invasões do oceano e dos príncipes do norte. Gente como essa nunca se entrega aos devaneios místicos, e também não se abala diante das tormentas do pensamento. Para o pescador que vive no *Siehl* solitário, o essencial é a pesca e, vez por outra, a passagem paga pelos viajantes que desejam ser transportados às ilhas vizinhas.

    Dizem que a uma certa época do ano, precisamente ao meio-dia, no momento em que o pescador está à mesa da sala fazendo a refeição com a família, chega um estrangeiro e pede ao chefe da casa que lhe conceda alguns minutos para tratar de negócios. Depois de convidar em vão o estrangeiro a partilhar de sua modesta refeição, o pescador acaba por assentir ao seu pedido, e os dois se instalam, separados da família, no nicho de uma janela. Não descreverei com detalhes supérfluos a aparência do viajante, a exemplo dos romancistas de hoje em dia. Para a tarefa que me impus, bastará esboçar alguns pontos: ei-lo aqui em poucas palavras. O estrangeiro é um homem baixo, de certa idade, mas ainda bem conservado — numa palavra, um ancião juvenil — forte, gorducho sem ser obeso, as faces rechonchudas e avermelhadas como maçãs, os olhos perscrutadores piscando com vivacidade de um lado para o outro e uma cabecinha empoada coberta por um chapéu de três pontas. Sob um casacão amarelo claro, ornado com uma infinidade de pequenas golas, nosso homem veste uma roupa antiquada, tal como se vê nos velhos retratos dos comerciantes holandeses, e que denota certa abastança: um terno de seda verde-maçã, um colete bordado de flores, culotes de cetim negro, meias listradas e sapatos com fivelas de aço. Seus calçados estão tão limpos e lustrados que não se entende como fez para atravessar os caminhos pantanosos do *Siehl* sem se sujar de lama. Sua voz asmática tem um fio agudo, tornando-se, por vezes, esganiçada: o homenzinho finge porém uma linguagem e movimentos graves e comedidos, tais como convêm a um comerciante holandês. A condição de comerciante não se revela somente por sua vestimenta, mas também pela exatidão e circunspeção mercantil com que procura concluir o negócio da maneira mais vantajosa possível para o comitente. Com efeito, ele se apresenta como um comissário expedidor, encarregado de encontrar, na costa oriental da Frísia, um barqueiro que queira transportar até a ilha Branca uma certa quantidade de almas, ou seja, tantas quantas couberem em seu barco. Ora, com esse fim, prossegue o holandês, ele gostaria de saber se o pescador estaria disposto a transportar naquela noite a referida carga de almas à referida ilha; nesse caso, estaria pronto a pagar adiantado pela travessia, convencido de que, como um honesto cristão, o barqueiro faria o melhor preço possível. O comerciante holandês — o que é um pleonasmo, visto que todo holandês é comerciante — faz essa proposta com uma tranquilidade despreocupada, como se se tratasse de uma carga de queijos, e não de almas de mortos. Num primeiro momento, a palavra *almas* causa uma certa impressão no espírito do pescador: ele sente um arrepio na espinha, pois compreende desde logo que se trata de almas de finados, e que tem diante de si o fabuloso holandês do qual seus colegas marinheiros tanto lhe haviam falado, aquele ancião que algumas vezes fretara seus barcos para transportar as almas dos mortos à ilha Branca, e sempre os pagara muito bem. Mas, como apontei acima, os habitantes dessa costa são corajosos, saudáveis, razoáveis e sem imaginação, estando portanto pouco suscetíveis aos vagos terrores que o mundo dos espíritos nos inspira. Também o secreto pavor, o estremecimento sentido pelo pescador frísio não durou mais que alguns instantes; ele não demora a se recompor e, com um ar de completa indiferença, pensa apenas em obter o melhor preço possível pela travessia. Depois de negociar algum tempo, os dois lados entram num acordo; o negócio é fechado e eles trocam o costumeiro aperto de mão. O holandês logo puxa uma bolsa de couro toda sebosa, cheia de pequenas moedas de prata, as menores já cunhadas na Holanda, e paga o montante do preço da travessia nessa moeda liliputiana. Depois de ordenar ao pescador que, por volta da meia-noite, à hora em que aparece a lua cheia, estivesse com seu barco num certo local da costa para receber sua carga de almas, o holandês se despede de toda a família, que em vão o convida mais uma vez para jantar; e então se afasta com um passo ágil e saltitante, que contrasta estranhamente com o ar de gravidade e compunção neerlandesa que procurava dar a si.

À hora combinada, o barqueiro está com seu barco no local marcado. De início ele é sacudido pelas ondas; mas assim que surge a lua cheia, o barqueiro percebe que sua embarcação se move facilmente e afunda aos poucos, de tal modo que, ao fim, apenas a largura de uma mão fica para fora d'água. Essa circunstância o faz compreender que seus passageiros, ou seja, as almas, já devem estar a bordo, e se apressa em dar à vela. Por mais que force os olhos tentando enxergar, nada percebe em seu barco além de alguns flocos de névoa que se movem e se entremeiam sem chegar a tomar uma forma definida. Em vão aguça os ouvidos: ouve apenas um crepitar e um estalar quase imperceptíveis. Somente de tempos em tempos uma gaivota passa por sobre sua cabeça soltando gritos lúgubres, ou então ao seu lado um peixe tira a cabeça para fora das ondas e nele fixa os grandes olhos temerosos. A noite boceja, o vento norte se torna mais frio. Por toda parte o mar, o luar e o silêncio. Mudo, como tudo o que o cerca, o barqueiro alcança enfim a ilha Branca, onde para o barco. À margem, não percebe ninguém, mas ouve uma voz ofegante, com ganidos asmáticos, que reconhece como a do holandês. Esse personagem invisível parece ler uma lista de nomes próprios com a entonação monótona de um inspetor que faz uma chamada nominal. O pescador reconhece muitos dos nomes como pertencentes a pessoas

falecidas no curso daquele ano. Durante a leitura da lista de nomes próprios o barco vai pouco a pouco ficando mais leve. Momentos antes estava encalhado nas areias da praia, e ei-lo subindo à medida que a nomenclatura vai terminando. Isso é um aviso para o barqueiro de que sua carga chegou a bom porto, e ele volta sossegadamente para junto de sua mulher e de seus filhos, em sua querida casinha nos *Siehl*.
É sempre desse mesmo modo que, todas as vezes, se realiza a passagem das almas à ilha Branca. Uma circunstância particular chamou um dia a atenção de um barqueiro que fazia esse trajeto. O personagem invisível que, na margem, lia a lista de nomes próprios, parou subitamente e exclamou: "Mas onde está Pitter Jansen?" "Pitter Jansen não está aqui!" Uma vozinha com som de flauta respondeu: "Sou a esposa de Pitter Jansen, e me inscrevi no lugar de meu marido."

Há pouco me gabei de ter distinguido, por detrás dos artifícios de seu disfarce, o importante personagem mitológico que figura nessa lenda. Não é outro senão o deus Mercúrio, outrora condutor de almas, chamado, por causa dessa especialidade, Hermes *Psychopompos*. Sim, sob aquele humilde casacão, sob aquela triste figura de quitandeiro se esconde um dos mais soberbos e brilhantes deuses pagãos, o nobre filho de Maia. Acima do chapéu de três pontas não paira qualquer pluma que possa lembrar as asas do divino capacete, e nos sapatos de fivelas de aço não se encontra o menor traço das sandálias aladas. Esse chumbo neerlandês difere inteiramente do maleável azougue ao qual o deus dera seu próprio nome, mas é o contraste mesmo que trai a intenção do deus astucioso: ele escolheu essa máscara para estar tanto mais seguro de não ser reconhecido. E não foi por acaso, nem por capricho, que optou por esse disfarce. Mercúrio, como você sabe, era o deus dos ladrões e dos comerciantes, duas atividades que exercia com sucesso. Era portanto natural que, ao escolher os disfarces sob os quais procuraria se esconder e a condição que lhe permitiria viver, levasse em conta seus antecedentes e talentos. Precisava apenas calcular qual desses ofícios, que diferiam entre si apenas por algumas nuanças, oferecer-lhe-ia mais chances de êxito. Dizia consigo que o roubo, devido a preconceitos seculares, era condenado pela opinião pública, que os filósofos ainda não tinham conseguido reabilitá-lo, assimilando-o à propriedade, que era mal visto pela polícia e pelos *gendarmes* e que, como pagamento por toda sua demonstração de coragem e habilidade, o ladrão era por vezes mandado às galeras, quando não ao cadafalso; que o comércio, ao contrário, gozava de grande impunidade, era honrado pelo público e protegido pelas leis, que os negociantes eram condecorados, iam à corte e se tornavam até mesmo presidentes de conselho. Consequentemente, o mais astucioso dos deuses se decidiu pela condição mais lucrativa e menos perigosa: o comércio, e, para ser comerciante por excelência, fez de si um comerciante holandês. Vemo-lo então nessa função, dedicando-se à expedição de almas para o império de Plutão, e era particularmente apto a esse ramo, ele, o antigo Hermes Psicopompo.

A ilha Branca também é por vezes chamada *Brea* ou *Britinia*. Seu nome é uma alusão à branca *Albion*, às rochas calcárias da costa inglesa? Seria realmente uma ideia esplênica fazer da Inglaterra o país dos mortos, o império de Plutão, o inferno. É bem possível, com efeito, que a Grã-Bretanha se apresente sob esse aspecto a mais de um estrangeiro.

Em meu estudo sobre a lenda de Fausto[22], tratei longamente do império de Plutão e das crenças populares ligadas a ele: mostrei como o reino das sombras se tornou um inferno completamente organizado e como o velho monarca das trevas foi inteiramente assimilado a Satã; mas isso não é nada mais que o estilo oficial da Igreja, que gratifica as antigas divindades com nomes tão assustadores. Apesar desse anátema, a posição de Plutão permaneceu, no

---

[22] *Dr. Fausto, um poema para balé, seguido de relatos curiosos sobre diabos, bruxas e poesia.* (1851). (NT)

fundo, a mesma. Plutão, o deus do mundo subterrâneo, e seu irmão Netuno, o deus dos mares, não emigraram como seus parentes, os outros deuses: mesmo após a vitória de Cristo, permaneceram ambos em seus domínios, em seus elementos. De nada adiantou que, sobre a terra, debitassem em sua conta as fábulas mais absurdas: o velho Plutão permanecia lá embaixo, sentado aquecidamente junto de sua bela Proserpina. Netuno é o deus que menos teve de suportar vexações; nem o som dos sinos, nem os acordes do órgão poderiam ofender seus ouvidos no fundo do oceano, onde ele residia em paz ao pé de sua Anfitrite, sua boa esposa, rodeado de brancas nereides e de tritões bochechudos. Apenas de tempos em tempos, quando algum marinheiro ultrapassava a linha pela primeira vez, o deus saía do seio das águas, o tridente na mão, a cabeça coroada de juncos e a longa barba caindo em ondas prateadas até o umbigo. Dava então ao neófito o terrível batismo de água do mar, ao mesmo tempo em que pronunciava um longo discurso cheio de piadas de marinheiros, no qual mais cuspia do que pronunciava as palavras, regadas com o suco acre e amarelo do tabaco mascado, para grande alegria dos espectadores alcatroados. Um de meus amigos, que me contou como se celebra esse mistério oceânico a bordo dos navios, garantiu-me que os marinheiros que riam às gargalhadas diante da burlesca figura de carnaval representada por Netuno não tinham, no fundo do coração, a menor dúvida a respeito da existência desse deus, de quem por vezes chegavam até mesmo a invocar a assistência nos momentos de grande perigo.

Netuno permaneceu então o soberano do império dos mares, assim como Plutão, a despeito de sua metamorfose diabólica, conservou o trono do Tártaro. Os dois foram mais felizes que seu irmão Júpiter, que teria sofrido particularmente com as vicissitudes do destino. Esse terceiro filho de Saturno que, após a queda de seu pai, arrogara-se a soberania dos céus, reinou no topo do Olimpo por longos séculos, rodeado de uma risonha corte de altos e altíssimos deuses e semideuses, das altas e altíssimas deusas e das ninfas, suas celestes açafatas e damas de honra. Todos levavam uma vida feliz, fartos de ambrosia e néctar, desprezando os grosseiros servos de gleba daqui de baixo e não tendo preocupação alguma com o amanhã. Mas ai! quando foi proclamado o reino da cruz e do sofrimento, o grande Cronida emigrou e desapareceu em meio ao tumulto dos povos bárbaros que invadiram o mundo romano. Os rastros do ex-deus se perderam, e foi em vão que interroguei velhas crônicas e velhas mulheres: ninguém pôde me informar sobre seu destino. Vasculhei muitas bibliotecas, onde me mostraram os códices mais magníficos, enriquecidos de ouro e pedrarias, verdadeiras odaliscas no harém da ciência. Seguindo o costume, apresento aqui meus agradecimentos públicos aos eunucos eruditos que sem resmungar demais e sendo, por vezes, até mesmo afáveis, tornaram-me acessíveis esses luminosos tesouros confiados aos seus cuidados. Persuadi-me de que a Idade Média não nos legou nenhuma tradição relativa ao destino de Júpiter após a queda do paganismo. Tudo o que pude desenterrar a esse respeito foi a história que um dia meu amigo Niels Andersen me contou.

Mal acabo de mencionar o nome de Niels Andersen, e essa boa figura, ao mesmo tempo tão bizarra e amável, surge toda sorridente em minha memória. Quero consagrar-lhe aqui algumas linhas. Ademais, gosto de indicar minhas fontes e mostrar suas qualidades boas e más, a fim de que o leitor esteja em condições de julgar por si mesmo até que ponto elas merecem sua confiança.

Niels Andersen, nascido em Drontheim, na Noruega, era um dos baleeiros mais hábeis e intrépidos que conheci. Devo a ele meus conhecimentos relativos à pesca da baleia. Confiou-me todos os macetes da profissão, fez-me conhecer todos os estratagemas e artimanhas empregados pelo inteligente animal para baldá-los e escapar do caçador.

Foi Niels Andersen quem me ensinou o manejo do arpão; mostrou-me como é preciso apoiar-se na beirada do barco sobre o joelho direito no momento em que se lança o arpão e como, com a perna esquerda, se dá um belo pontapé no marujo imbecil que não arria com suficiente rapidez a corda presa ao arpão. Devo-lhe tudo, e se não me tornei um baleeiro célebre, a culpa não é nem minha nem de Niels Andersen, mas de minha má estrela que, nos caminhos da vida, não me permitiu encontrar sequer uma baleia com a qual pudesse dignamente travar uma luta. Encontrei apenas *stockfischs* banais e arenques miseráveis. De que serve o melhor arpão diante de um arenque? Hoje, que minhas pernas estão paralisadas, devo renunciar para sempre à pesca da baleia. Quando conheci Niels Andersen em Ritzebuttel, perto de Cuxhaven, ele não ia lá muito melhor das pernas do que eu, pois, na costa do Senegal, um jovem tubarão, que sem dúvida tomara sua perna por um pirulito de cevada, arrancara-a com uma mordida: desde então o pobre Niels Andersen passou a andar coxeando sobre uma perna artificial fabricada em pinho de sua terra, que ele vangloriava como sendo uma obra-prima da carpintaria norueguesa. Nessa época, seu maior prazer era empoleirar-se no alto de um grande tonel vazio, em cujo ventre ele tamborilava com a perna de madeira. Frequentemente eu o ajudava a subir no tonel; mas às vezes, quando ele queria descer, só dava minha assistência com a condição de que me contasse alguma de suas curiosas histórias do Mar do Norte.

    Assim como Muhammad Ibn Mansur inicia todas suas poesias com um elogio do cavalo, Niels Andersen fazia todas suas narrativas serem precedidas por uma enumeração elogiosa das qualidades da baleia. A lenda que relatamos aqui também começou com um tal panegírico.

    — A baleia, dizia, não é somente o maior, mas também o mais magnífico dos animais; os dois jatos de água que jorram das narinas localizadas no topo da cabeça lhe conferem o aspecto de uma fonte e produzem um efeito mágico, sobretudo à noite, ao luar. Além disso, esse animal é simpático, tem bom caráter e muito gosto pela vida conjugal. É um espetáculo tocante, dizia, ver uma família de baleias, agrupada em torno de seu venerável chefe, estendida sobre um enorme bloco de gelo para se aquecer ao sol. Às vezes a jovem prole se põe a jogar e a se divertir e, ao fim, todos se lançam ao mar brincando de esconde-esconde em meio aos imensos blocos de gelo. A pureza dos costumes e a castidade das baleias devem ser atribuídas menos a princípios morais do que à água gelada, na qual se agitam sem parar. Infelizmente também não se pode negar, continuou Niels Andersen, que são totalmente desprovidas de religião...

— Creio que isso é um erro, exclamei, interrompendo meu amigo. O relato de um missionário holandês que li recentemente descreve a magnificência da criação que, segundo ele, se manifesta até mesmo nas regiões polares, no momento do nascer do sol, quando os raios do dia, iluminando os gigantescos rochedos de gelo, os fazem assemelhar-se aos castelos de diamante que encontramos nos contos de fadas. No dizer do bom domine, toda essa beleza da criação é uma prova do poder de Deus, que age sobre todo ser animado, de tal maneira que não somente o homem, mas até mesmo o peixe mais bruto, extasiado com o espetáculo da criação, adora o criador e lhe dirige suas preces. O *domine* assegura que viu com os próprios olhos uma baleia manter-se de pé contra a parede de um bloco de gelo, balançando a parte superior de seu corpo, como fazem os homens ao rezar.

Niels Andersen admitiu ter ele mesmo visto baleias que, elevando-se contra um rochedo de gelo, se entregavam a movimentos bastante semelhantes aos que observamos nos oratórios das diferentes seitas religiosas, mas assegurava que aquilo não tinha nada que ver com devoção. Explicou a coisa por meio de razões fisiológicas: fez-me notar que, sob a pele da baleia, esse Chimboraço[23] dos animais, existem camadas de gordura de uma profundidade tão prodigiosa que uma única baleia muitas vezes fornecia de cem a cento e cinquenta barris de sebo e de óleo. Essas camadas de gordura têm uma espessura tal que, enquanto o colosso dorme, espalhando sobre o bloco de gelo toda sua extensão, centenas de ratos d'água podem vir ali se aninhar. Esses convivas, infinitamente mais gordos e vorazes que os ratos do continente, levam uma vida feliz sob a pele da baleia, onde dia e noite se empanturram com a gordura mais requintada, sem precisar sequer sair do ninho. Essa pândega de vermes acaba por importunar o anfitrião involuntário, causando-lhe dores terríveis. Não sendo como o homem que, graças a Deus, tem mãos e pode se coçar quando sente comichão, a baleia procura aliviar seus sofrimentos encostando-se nas pontas salientes e cortantes de algum rochedo de gelo e esfregando as costas com verdadeiro fervor, em fortes movimentos ascendentes e descendentes, como vemos por vezes fazerem os cães, que esfolam a pele contra a madeira da cama quando as pulgas os atormentam demais. Ora, o bom *domine* acreditou ter visto nesses balanceios o ato edificante da oração, atribuindo à devoção os sobressaltos ocasionados pelas orgias dos ratos. Por maior que seja a quantidade de óleo contida na baleia, ela não tem o mínimo sentimento religioso. Apenas entre animais de estatura média se encontra religião; os muito grandes, as criaturas gigantescas, como a baleia, não são dotados dessa qualidade. Qual a razão disso? Será que elas não encontram uma igreja suficientemente espaçosa em cujo seio possam ser acolhidas? As baleias também não apreciam os profetas, e aquela que engolira Jonas não pôde digerir esse grande pregador; tomada de náuseas, vomitou-o depois de três dias. Isso seguramente prova a ausência de qualquer sentimento

---

[23] Vulcão na cordilheira dos Andes (Equador), na época considerado a montanha mais alta do mundo (6267 metros). Alexander von Humboldt e J.-B. Boussingault tentaram escalá-lo, em 1802 e 1831 respectivamente. (NT)

religioso nesses monstros. Portanto a baleia não escolheria um bloco de gelo como genuflexório e não procuraria, balançando-se toda, dar-se ares de devota. Ela adora tão pouco o verdadeiro Deus que reside lá no alto do céu quanto o falso deus pagão que habita próximo ao Polo Ártico, na ilha dos Coelhos[24], onde o estimado animal vai por vezes visitá-lo.

O que é a ilha dos Coelhos?, perguntei a Niels Andersen. Este, tamborilando no tonel com sua perna de madeira, respondeu-me: "É precisamente nessa ilha que se passa a história que devo lhe contar. Não posso indicar exatamente sua posição geográfica. Desde que foi descoberta, ninguém conseguiu retornar a ela; as enormes montanhas de gelo que se acumulam em torno da ilha impedem a abordagem. Somente a tripulação de um baleeiro russo, lançado nessas paragens setentrionais por uma tempestade, conseguiu visitá-la, e desde então se passaram mais de cem anos. Quando esses marinheiros atracaram, encontraram um lugar deserto e inculto. Miseráveis caules de giesta se balançavam tristemente sobre a areia deslocada pelo vento; espalhados aqui e ali, arbustos anões e pinheiros mirrados se arrastavam sobre um solo estéril. Um grande número de coelhos corria por todos os lados, pelo que os viajantes deram a essa ilhota o nome de ilha dos Coelhos. Uma cabana, a única que havia ali, anunciava a presença de um ser humano. Logo que os marinheiros entraram nessa choupana, viram um ancião que alcançara a mais extrema decrepitude, miseravelmente coberto por peles de coelho. Estava sentado sobre um banco de pedra e aquecia as mãos descarnadas; seus joelhos tremiam diante do fogo no qual queimavam uns poucos gravetos. À sua direita estava um pássaro de uma grandeza desmedida, semelhante a uma águia; mas a muda do tempo o havia depenado tão cruelmente que ele não conservava senão algumas das grandes penas rígidas das asas, o que

---

[24] Segundo Ariane Neuhaus-Koch, trata-se provavelmente de alusão à península russa de Kanin (em alemão Kaninchen = coelhos). (NT)

dava a esse animal nu um aspecto ao mesmo tempo risível e terrivelmente feio. No chão, à esquerda do ancião, estava deitada uma velha cabra sem pelo, mas com um ar bonachão, e que, a despeito da idade avançada, conservara as mamas estufadas de leite, com tetas frescas e rosadas.

Dentre os marinheiros que chegaram à ilha dos Coelhos, havia alguns gregos; um deles, acreditando que o dono da cabana não compreendia seu idioma, disse em língua grega aos seus camaradas: "Esse velho esquisito deve ser um espectro ou um demônio malvado". Ao ouvir essas palavras, o ancião estremeceu e se levantou bruscamente do banco: para seu grande espanto, os marinheiros viram uma figura alta e imponente que, com uma dignidade imperiosa e até mesmo majestosa, se mantinha ereta malgrado do peso dos anos, de tal modo que a cabeça alcançava as vigas do teto. Os traços de sua fisionomia, ainda que desgastados e engelhados, conservavam os vestígios da antiga beleza: eram nobres e perfeitamente regulares. As raras mechas dos cabelos prateados recaíam-lhe sobre a testa enrugada pelo orgulho e pela idade; os olhos, embora fixos e ternos, lançavam olhares mordazes, e a boca, fortemente arqueada, pronunciou em língua grega, com muitos arcaísmos, as palavras sonoras e cadenciadas: "Você está enganado, meu jovem, não sou nem um fantasma, nem um espírito malfazejo: sou um infortunado que já viu dias melhores. Mas vocês, quem são?

Então os marinheiros puseram seu anfitrião a par do acidente que os desviara de sua rota e pediram que lhes desse informações sobre tudo o que dizia respeito à ilha; mas o ancião não pôde satisfazer seu desejo. Disse-lhes que, desde tempos imemoriais, habitava aquela ilha, cujas muralhas de gelo ofereciam asilo seguro contra seus implacáveis inimigos, que usurparam seus direitos legítimos, e que vivia principalmente do produto da caça dos coelhos, abundantes na ilha, que todos os anos, à época em que os gelos flutuantes formavam uma massa compacta, chegavam até ele, em trenós, algumas tropas selvagens, às quais vendia as peles de coelho, e que em troca eles lhe davam todo tipo de objetos de primeira necessidade. As baleias, disse, que de tempos em tempos se dirigiam à sua ilha, eram sua companhia predileta. Acrescentou, contudo, que, naquele momento, era um grande prazer falar sua língua natal, pois era grego de nascimento. Pediu a seus compatriotas que lhe dessem alguma informação sobre o estado atual da Grécia. Sem poder disfarçar uma alegria maligna, tomou conhecimento de que a cruz que dominava as torres das cidades helênicas havia sido destruída, mas ficou bem menos satisfeito quando lhe disseram que o símbolo cristão havia sido substituído pelo crescente. Era curioso, contudo, que nenhum dos marinheiros conhecesse os nomes das cidades sobre as quais lhes fazia perguntas e que, segundo dizia, haviam sido florescentes em seu tempo. Por outro lado, os nomes pelos quais os marinheiros designavam as cidades e os povoados da Grécia atual lhe eram completamente estranhos. O ancião balançava a cabeça sem parar, demonstrando abatimento, e os marinheiros se entreolhavam, surpresos; notavam que o velho conhecia perfeitamente as localidades do país, e nos mínimos detalhes, pois descrevia de maneira clara e exata os golfos, os istmos, e até mesmo as menores colinas e alguns grupos isolados de rochedos: por isso sua ignorância dos nomes topográficos mais comuns os deixava tanto mais perplexos.

O ancião lhes perguntou com o mais vivo interesse, e também um pouco ansioso, sobre um templo que, dizia ele, havia sido outrora o mais belo de toda a Grécia. O nome do templo, que ele pronunciou com grande ternura, não era conhecido de nenhum dos ouvintes; finalmente, pela descrição minuciosa que fez do local onde deveria estar esse monumento, um jovem marujo o reconheceu imediatamente.
— A aldeia onde nasci, exclamou, situa-se precisamente nesse lugar; durante minha infância, lá guardei por muito tempo os porcos de meu pai. No local se encontram com

efeito as ruínas de construções muito antigas, testemunhos de uma magnificência extraordinária: aqui e ali veem-se ainda algumas colunas que permaneceram de pé; estão isoladas ou ligadas entre si por fragmentos de telhados de onde caem bandeirolas de madressilvas ou de lianas vermelhas. Outras colunas, algumas das quais de mármore rosa, jazem fraturadas sobre a relva. A hera invadiu os soberbos capitéis, formados de flores e folhagens delicadamente cinzeladas. Duas grandes lajes de mármore, fragmentos retangulares de paredes e destroços de telhado em forma triangular estão espalhados e semi-enterrados. Muitas vezes passei horas a fio, continuou o jovem, examinando os combates e os jogos, as danças e as procissões, as figuras belas e bufas ali esculpidas; infelizmente o tempo danificou muito essas esculturas, que estão recobertas pelo musgo e por trepadeiras. Meu pai, a quem um dia indaguei sobre o seu significado, respondeu-me que eram os restos de um antigo templo, onde no passado havia residido um deus pagão, que não somente se entregara à mais devassa libertinagem, mas que ainda se emporcalhara com o incesto e vícios infames; que os idólatras, em sua cegueira, nem por isso imolaram menos bois, muitas vezes às centenas, ao pé de seu altar. Meu pai me assegurava que ainda se podia ver ali a cuba de mármore onde se recolhia o sangue das vítimas, e que era precisamente a tina onde eu muitas vezes dava de beber aos porcos com a água da chuva que se acumulava, e onde também conservava a lavagem que meus animais devoravam com tanto apetite.

Depois de ouvir o jovem marinheiro, o ancião soltou um suspiro profundo, que revelava a dor mais pungente; ele se curvou, caiu novamente sobre seu banco de pedra e, cobrindo o rosto com as duas mãos, começou a chorar como uma criança. O pássaro a seu lado soltou gritos terríveis, abriu as asas enormes e ameaçou os estrangeiros com as garras e o bico. A velha cabra começou a balir chorosamente e a lamber as mãos de seu dono, cujos sofrimentos queria apaziguar com singelas caricias. Diante de tal visão, os marinheiros sentiram um estranho aperto no coração; rapidamente deixaram a cabana e só se tranquilizaram quando já não podiam ouvir nem os soluços do ancião, nem os gritos do horrível pássaro, nem os balidos da velha cabra. De volta a bordo, contaram sua aventura. Em meio à tripulação havia um erudito que declarou ser aquele um acontecimento da maior importância. Apoiando, com um ar sagaz, o indicador direito sobre uma das narinas, assegurou aos marinheiros que o ancião da ilha dos Coelhos era, sem dúvida alguma, o antigo deus Júpiter, filho de Saturno e Reia, outrora senhor soberano dos céus; que o pássaro visto a seu lado era evidentemente a famosa águia que segurava o raio nas garras, e que a cabra, segundo parecia, era a velha ama de leite Almateia que noutros tempos havia amamentado o deus na ilha de Creta, e agora continuava a alimentá-lo com seu leite na ilha dos Coelhos.

Tal foi o relato de Niels Andersen, e ele me partiu o coração. E não escondo de ninguém: suas revelações com respeito aos secretos sofrimentos da baleia já me haviam entristecido profundamente. Pobre animal! Não há remédio contra essa canalha de ratos que vem se aninhar em seu corpo roendo-o sem parar, e você terá de levá-los consigo até o fim dos seus dias; de nada adiantará se precipitar de norte a sul e esfregar-se nos blocos de gelo de ambos os polos: você não conseguirá se livrar desses ratos horríveis! Embora tenha ficado penalizado com a avania das pobres baleias, minha alma ficou muito mais comovida com o destino trágico daquele ancião que, de acordo com a hipótese mitológica do erudito russo, era o antigo rei[25] dos deuses, Júpiter *Cronida*.[26] Sim, também ele foi submetido à fatalidade do destino, à qual nem mesmo os imortais puderam escapar, e o espetáculo de

---

[25] Em francês "ci-devant roi". No linguajar da época empregava-se "ci-devant" para fazer referência aos nobres e religiosos "de antes" da Revolução Francesa. (NT)
[26] Cf. no Apêndices, d, trechos suprimidos pelo autor. (NT)

semelhantes calamidades nos assombra, enchendo-nos de piedade e amargura. Seja, então, ó Júpiter, seja o soberano senhor do mundo que, franzindo a sobrancelha, fazia tremer o universo, seja cantado por Homero e esculpido por Fídias em ouro e marfim; seja adorado por uma centena de povos durante longos séculos; seja o amante de Sêmele, de Dánae, de Europa, de Alcmena, de Leto, de Io, de Leda, de Calisto! — de tudo isso no fim restará tão somente um velho decrépito que se viu obrigado, para ganhar sua miserável vida, a transformar-se num comerciante de peles de coelho, como um pobre saboiano. Semelhante espetáculo agradará, sem dúvida, à plebe ordinária que insulta, no dia seguinte, o que adorara na véspera. Pode ser que entre essa boa gente se encontrem descendentes daqueles infelizes bois outrora imolados em hecatombes no altar de Júpiter: que eles se regozijem com sua queda, que o achincalhem à vontade para vingar o sangue de seus ancestrais, vítimas da idolatria; quanto a mim, tenho a alma singularmente comovida, sou tomado de uma dolorosa comiseração diante desse augusto infortúnio.[27]

Esse enternecimento talvez me tenha impedido de atingir, em minha narrativa, aquela séria serenidade que cabe tão bem ao historiador, e aquela austera gravidade que não se adquire senão na França. Confesso também com modéstia toda minha inferioridade diante dos grandes mestres do gênero e, recomendando minha obra à indulgência do benévolo leitor a quem sempre professei o maior respeito, termino aqui a primeira parte de minha história dos *Deuses no Exílio*.[28]

---

[27] Cf. no Apêndices, e, trechos suprimidos pelo autor. (NT)
[28] Heine não escreveu a continuação da obra. Cf. Apêndice, a, trechos suprimidos pelo autor. (NT)

OS DEUSES NO EXÍLIO
(Die Götter im Exil)

Tradução de Hildegard Herbold e Márcio Suzuki

NOTA PRELIMINAR

Com o título de *Les dieux en exil*, ao qual deve corresponder satisfatoriamente o nome dado aqui, foi publicado no último número da *Revue des deux mondes* um escrito que se insere entre as produções mais recentes de minha pena: somente as poucas páginas que constituem o início dele foram extraídas da terceira parte de meu *Salon* e, remetendo a esse livro, suprimo agora, na versão alemã, as mencionadas páginas, como também poupo o leitor pátrio de algumas discussões estéticas, já que destas jamais houve falta na outra margem do Reno. Na introdução que abre a versão francesa, discuti um tema que já foi muitas vezes tratado por mim, a saber, a transformação por que passaram os deuses greco-romanos quando o cristianismo chegou à hegemonia mundial, e não apenas a crença popular, mas também a fé eclesiástica atribuiu a eles uma existência real, embora maldita. A esse tema, a essa satanização dos deuses, se ligam agora os relatos seguintes, os quais podem ser considerados, por assim dizer, como ilustrações, como águas-fortes e xilogravuras mais ou menos nítidas dele.

A ideia que dá origem a estes relatos já foi discutida por mim em escritos anteriores. De fato, volto a falar aqui da metamorfose sofrida pelas divindades greco-romanas, que foram transformadas em demônios quando o Cristianismo alcançou a supremacia mundial. A crença popular atribuiu então àqueles deuses uma existência real, mas maldita, opinião que estava em pleno acordo com a doutrina da Igreja. Diferentemente do que fizeram os filósofos, a Igreja de maneira alguma declarou que os deuses antigos eram quimeras, frutos da mentira e do erro, mas os tratava, ao contrário, como espíritos malignos que, precipitados do pináculo de seu esplendor e poder pela vitória de Cristo, andavam agora aprontando das suas pela terra, na escuridão das ruínas dos templos antigos ou de florestas encantadas, aliciando os cristãos ali perdidos a renegar a religião pela sedução de suas artes demoníacas, pela voluptuosidade e beleza e, especialmente, pelas danças e canto. Tudo aquilo que se refere a esse tema — a transformação dos antigos cultos da natureza em ofício satânico, do sacerdócio pagão em bruxaria, a satanização dos deuses —, tudo isso foi discutido sem reservas por mim tanto na segunda quanto na terceira parte do *Salon*, e creio poder agora me dispensar de qualquer comentário adicional, tanto mais que desde então muitos outros escritores, quer seguindo a trilha de minhas indicações, quer incitados pelas alusões que fiz a respeito da importância deste assunto, trataram o tema de maneira muito mais pormenorizada, abrangente e profunda do que eu. Se em tal ocasião não mencionaram o nome do autor a quem cabia o mérito da iniciativa, isso foi certamente um esquecimento de pouca relevância. Eu mesmo não pretendo dar um valor demasiadamente alto a uma tal reivindicação. De fato, é verdade que o tema que trouxe à baila não era nenhuma novidade; mas com a vulgarização de ideias antigas ocorre invariavelmente o mesmo que com o ovo de Colombo. Todos sabiam da coisa, mas ninguém a disse. O que eu disse, com efeito, não era nenhuma novidade e se encontrava há muito tempo impresso nos veneráveis in-fólios e in-quartos dos compiladores e antiquários, essas catacumbas da erudição, nas quais as mais heterogêneas ossadas do espírito estão por vezes empilhadas numa simetria medonha, que é muito mais terrível do que se estivessem amontoadas de modo completamente aleatório. Também reconheço que o referido tema foi igualmente tratado por eruditos modernos, mas eles, por assim dizer, o mumificaram e enterraram nos caixões de madeira de seu linguajar científico confuso e abstrato, que o grande público é incapaz de decifrar e pode tomar por hieróglifos egípcios. Foi em tais túmulos e ossários que de novo fiz a invocação daquelas ideias e as trouxe de volta à vida real pelo poder mágico da palavra que por todos pode ser entendida, pela necromancia de um estilo robusto, claro e popular![29]

Volto, porém, a meu tema, cuja ideia principal, como indiquei acima, não deve ser discutida mais extensamente aqui. Quero apenas, em poucas palavras, chamar a atenção do leitor para as dificuldades, que há pouco mencionei, em que se enredaram os pobres deuses antigos na época da vitória definitiva do Cristianismo, ou seja, no século III, dificuldades estas que apresentavam a mais forte analogia com os tristes primórdios de sua vida divina. É que se achavam

---

[29] Cf. Apêndices, f, trechos suprimidos pelo autor. (NT)

agora transportados para as mesmas desoladoras necessidades em que já haviam estado outrora, em tempos remotos, na época revolucionária em que os Titãs fugiram da prisão de Orco e, empilhando o monte Pélion sobre o monte Ossa, escalaram o Olimpo. Nessa época, os pobres deuses foram vergonhosamente obrigados a fugir e se esconder em meio a nós, aqui na terra, travestidos das mais diversas maneiras. A maioria deles se refugiou no Egito, onde, para sua maior segurança, tomaram figura de animais, como é amplamente conhecido. Do mesmo modo, os pobres deuses pagãos tiveram novamente de se pôr em fuga e buscar abrigo em esconderijos distantes, disfarçando-se das mais diferentes maneiras quando o verdadeiro Senhor do mundo fincou seu estandarte em forma de cruz na cidadela celeste, e os fanáticos iconoclastas, as hordas de monges vestidos de preto, destruíram todos os templos e perseguiram os deuses proscritos com fogo e maldição. Muitos desses pobres emigrantes, que ficaram totalmente sem abrigo e ambrosia, tiveram de recorrer então a um ofício burguês para ao menos ganhar o pão de cada dia. Foi em tais circunstâncias que alguns deles, cujos bosques sagrados haviam sido confiscados, precisaram trabalhar como diaristas cortando lenha na Alemanha, onde tiveram de beber cerveja em vez de néctar. Em apuros, Apolo parece ter se resignado a aceitar um emprego junto a criadores de gado, e assim como outrora apascentou as vacas de Admeto, assim também vivia agora como pastor na Baixa Áustria, onde, entretanto, tornando-se suspeito devido ao seu belo canto, foi reconhecido por um monge erudito como sendo um antigo deus pagão de poderes mágicos, e entregue aos tribunais eclesiásticos. Submetido à tortura, confessou ser o deus Apolo.[30] Antes de ser executado, pediu ainda para que lhe deixassem tocar a cítara e cantar, pela última vez, uma canção. Tocou, porém, de maneira tão comovedora e cantou

---

[30] Cf. Apêndices, g, trechos suprimidos pelo autor. (NT)

de forma tão fascinante, e era além disso tão belo de rosto e de corpo, que todas as mulheres choraram, e muitas delas depois até adoeceram, tal fora a emoção. Passado algum tempo, quiseram exumá-lo a fim de lhe perfurar o corpo com uma estaca, pois se opinava que havia sido um vampiro, e as mulheres adoecidas se curariam com um tal remédio caseiro de comprovada eficácia — mas encontraram o túmulo vazio.

Não tenho muita informação a dar sobre os destinos de Marte, o velho deus da guerra, após a vitória dos cristãos. Tendo a acreditar que, durante a época feudal, continuou seguindo a lei do mais forte. O alto Schimmelpennig, que é sobrinho do carrasco de Münster, o encontrou em Bolonha, onde tiveram uma conversa que reproduzirei noutro lugar. Pouco tempo antes, serviu como lansquenete sob o comando de Frondsberg e esteve presente na tomada de Roma, onde ficou certamente amargurado ao ver tão vergonhosamente destruídos a antiga cidade de sua predileção, os templos de seus parentes, bem como os templos em que ele próprio fora venerado.[31]

Mais sorte que Marte e Apolo, depois da grande retirada, teve o deus Baco, e a lenda narra o seguinte.

Existem, no Tirol, lagos enormes cercados de bosques, cujas árvores altíssimas se refletem, majestosas, nas águas azuis. As árvores e a água sussurram tão misteriosamente, que uma estranha sensação invade quem passeia sozinho por ali. Na margem de um desses lagos se encontrava a choupana de um jovem, que vivia da pesca e também se prestava ao ofício de barqueiro, quando algum viajante desejava ser levado ao outro lado do lago. Possuía uma canoa grande, que ficava amarrada em velhos troncos de árvore, não distante de sua casa. Vivia completamente só. Certa vez, na época do equinócio de outono, ouviu bater em sua janela por volta da meia-noite e, quando apareceu à porta, viu três monges que

---

[31] Cf. Apêndices, h, trechos suprimidos pelo autor. (NT)

mantinham os rostos inteiramente encobertos pelos capuzes, e pareciam ter muita pressa. Um deles pediu, pressuroso, que lhes emprestasse o barco e prometeu trazê-lo de volta em poucas horas. Os monges estavam em três, e o pescador, que em tais circunstâncias não podia hesitar muito, desamarrou o bote e, enquanto os outros embarcavam e partiam para a travessia do lago, voltou para sua choupana e se deitou. Jovem como era, não tardou a pegar no sono, mas algumas horas depois foi acordado pelos monges, que regressavam; ao encontrá-los lá fora, um deles lhe colocou nas mãos uma moeda de prata como pagamento pela viagem, e todos os três desapareceram rapidamente dali. O pescador foi dar uma olhada em seu barco, que encontrou firmemente amarrado. Foi aí que se sacudiu todo, mas não por causa da brisa noturna. Um estranho calafrio lhe percorrera os membros e quase lhe gelara o coração quando o monge que lhe havia dado o dinheiro da viagem tocara em suas mãos: os dedos do monge estavam frios como gelo. Nos dias seguintes, o pescador não pôde deixar de se lembrar daquele detalhe. Mas a juventude acaba tirando da cabeça tudo o que é sinistro, e o pescador já não pensava no acontecido, quando, no ano seguinte, também na época do equinócio, bateram na janela de sua cabana por volta da meia-noite e de novo apareceram os três monges encapuzados, que novamente com grande pressa pediam o barco emprestado. Desta vez, o pescador o cedeu a eles com menos receio, e algumas horas mais tarde, quando retornaram e um dos monges lhe colocou apressadamente o pagamento pela viagem na mão, novamente sentiu, com arrepio, os dedos frios como gelo. O mesmo fato se repetiu ano após ano, na mesma época e da mesma maneira, até que finalmente, quando se aproximava o dia no sétimo ano, o pescador foi tomado de grande desejo de descobrir a qualquer custo o mistério que se escondia sob aqueles três hábitos de monge. Colocou no barco um monte de redes em meio às quais pudesse se esconder quando os monges subissem na embarcação. Os aguardados clientes de preto vieram realmente na hora esperada, e o pescador conseguiu se esconder debaixo das redes e tomar parte da travessia sem ser percebido. Para sua surpresa, a travessia durou pouco tempo, quando ele normalmente precisava de mais de uma hora para chegar ao lado contrário, e maior ainda foi seu espanto quando, naquela região que tão bem conhecia, viu uma larga clareira aberta na floresta, a qual jamais havia notado antes, e que era rodeada de árvores de uma vegetação completamente estranha para ele. Nas árvores haviam sido penduradas inúmeras lamparinas, em altos pedestais também havia vasos onde chamejava resina silvestre e, além disso, a lua brilhava com tanta claridade, que o pescador podia enxergar a multidão ali reunida tão nitidamente quanto à luz do dia. Eram algumas centenas de pessoas, homens e mulheres jovens, a maioria de notável beleza, embora suas faces fossem da brancura do mármore, e essa circunstância, aliada às vestes — túnicas brancas bem curtas com borda púrpura —, lhes dava o aspecto de estátuas ambulantes. As mulheres traziam na cabeça grinaldas de pâmpano, naturais ou armadas com fios de ouro e prata, e o cabelo era em parte trançado, formando uma coroa no alto, em parte descia, dessa coroa até a nuca, em cachos desordenados. Os rapazes também tinham a cabeça cingida de grinaldas de pâmpano. Agitando os tirsos dourados, cobertos de folha de uva, homens e mulheres vieram em júbilo saudar os três recém-chegados. Um destes arrancou o hábito, e o que surgiu foi um indivíduo impertinente, de idade mediana, que tinha um rosto repugnantemente lascivo, lúbrico, era dotado de pontudas orelhas de bode e mostrava uma virilidade ridiculamente exagerada, uma hipérbole altamente repugnante. O segundo monge também arrancou o hábito, e surgiu um homem pançudo, não menos nu, em cuja cabeça calva as mulheres, travessas, colocaram uma coroa de rosas. Como todas as pessoas ali reunidas, o semblante de ambos os monges era branco como a neve. Também branca como a neve era a face do terceiro monge, que, rindo muito, tirou o capuz da cabeça. Quando soltou o cordão que lhe prendia o hábito e, enojado, arrancou a vestimenta piedosa e suja, juntamente com o rosário e o crucifixo, viu-se, numa túnica resplandecente de diamantes, um formosíssimo corpo de jovem, das mais nobres proporções, no qual, porém, as curvas dos quadris e a cintura fina tinham um quê de feminino. Os lábios levemente arqueados e os traços serenos e evanescentes também emprestavam ao jovem um aspecto um tanto quanto feminino; seu rosto, contudo, tinha uma certa expressão audaz, quase atrevidamente heroica. As mulheres o acariciaram com frenético entusiasmo, sobre a cabeça colocaram uma coroa de hera e sobre o ombro jogaram uma magnífica pele de leopardo. Neste mesmo instante chegou uma biga triunfal, puxada por dois leões: o jovem nela subiu com a dignidade de um rei, mas com o olhar sereno. Conduziu a indômita parelha com rédeas de púrpura. Ao lado direito do carro, marchava um de seus companheiros também livre da batina, cujos gestos libidinosos e a enorme indecência há pouco mencionada deleitavam o público, enquanto seu colega gorducho e calvo, a quem as mulheres haviam zombeteiramente colocado em cima de um burro, ia ao lado esquerdo do veículo, segurando na mão um cálice dourado, que não paravam de encher de vinho. A biga se movia devagar, e atrás dela, em dança delirante, rodopiavam homens e mulheres com as coroas de pâmpano. À frente do carro do triunfador ia a orquestra da corte: um belo jovem bochechudo soprava uma flauta lídia; de saia curta, a tocadora de tamborim batia com a parte externa dos dedos no couro repicante; uma outra beldade igualmente graciosa tocava o triângulo, e então vinham os corneteiros, os companheiros caprípedes, rostos bonitos, mas lascivos, que formavam sua fanfarra soprando chifres de formas estranhas ou conchas marinhas, e depois os alaudistas...

Mas estou me esquecendo, caro leitor, de que você é culto e bem instruído, e já percebeu há muito tempo que estou falando aqui de um bacanal, de uma festa de Dioniso. Com bastante frequência você viu, nos baixos-relevos antigos ou nas gravuras em cobre de obras arqueológicas, os cortejos triunfais em adoração a esse deus e, versado como é nos clássicos, de modo algum se assustaria se de repente, à meia-noite, sozinho num bosque, deparasse com a bela aparição em carne e osso de tal cortejo báquico, com toda aquela gente ébria que nele toma parte. — Você sentiria no máximo um leve sobressalto lúbrico, um arrepio estético, ao ver aquela pálida assembleia, aqueles graciosos fantasmas, que saíram dos seus sarcófagos ou de debaixo das ruínas de seus templos para mais uma vez celebrar o antigo culto sagrado do prazer, para mais uma vez festejar, com jogo e ciranda, a passagem triunfal do libertador divino, o Salvador do prazer sensual, para mais uma vez dançar a dança do êxtase do paganismo, o cancã do mundo antigo, sem nenhum disfarce hipócrita, sem nenhuma intromissão dos *sergents-de-ville* de uma moral espiritualista, e com toda a desvairada loucura dos dias antigos, soltando gritos de exultação, de fúria, de júbilo: Evoé, Baco! Mas ai!, caro leitor, diferentemente de você, o pobre pescador de que estamos falando nada sabia de mitologia, não tinha feito nenhum estudo de arqueologia, e foi tomado de horror e medo ao ver aquele belo triunfador com seus dois estranhos acólitos saindo de seus trajes de monge; ele estremeceu com os gestos e saltos indecentes das bacantes, dos faunos, dos sátiros, que lhe pareciam bem especialmente diabólicos devido aos pés de bode e aos chifres, e considerou toda aquela sociedade como um congresso de fantasmas e demônios, que com seus malefícios procuravam trazer perdição a todos os cristãos. Seu cabelo ficou em pé quando viu uma mênade numa posição arriscada, inacreditável, em que, com o cabelo esvoaçante, jogava a cabeça para trás e assim se mantinha apenas com a ajuda do tirso. O pobre barqueiro sentiu ele mesmo vertigem quando viu coribantes que feriam o próprio corpo com pequenas espadas, buscando freneticamente prazer na própria dor... Os sons brandos, suaves, mas ao mesmo tempo cruéis, da música lhe invadiram o espírito como labaredas chamejantes, devoradoras, medonhas. Mas quando o pobre homem viu o famigerado símbolo egípcio, que, em exagerada grandeza e coroado de flores, era carregado sobre uma alta haste por uma mulher desavergonhada, não teve olhos nem ouvidos para mais nada — desembestou de volta ao barco, se agachou sob as redes, batendo o queixo e tremendo, como se Satã já o tivesse pego por um pé. Não muito tempo depois, os três monges voltaram igualmente para o barco e desatracaram. Quando enfim chegaram à outra margem e desembarcaram, o pescador conseguiu sair de seu esconderijo com tal habilidade, que os monges pensaram que estivesse esperando por eles atrás dos salgueiros, e depois que um deles, com os dedos gelados, novamente lhe pôs a paga da viagem na mão, sumiram o mais depressa dali.

O pescador se julgou no dever de denunciar aquele estranho acontecimento a um tribunal eclesiástico, tanto para a própria salvação, que considerava ameaçada, quanto para preservar outros cristãos da perdição, e já que o superior de um convento franciscano da redondeza gozava de grande prestígio por presidir um daqueles tribunais e, muito especialmente, por ser sábio exorcista, decidiu ir ter com ele sem demora. Assim, o primeiro raio de sol da manhã já encontrou o pescador a caminho do convento, e logo depois lá estava ele, olhar humilde, diante de Sua Reverendíssima, o superior, que ficou sentado numa poltrona de sua biblioteca, o capuz tampando-lhe o rosto, e permaneceu nessa postura meditativa, enquanto o pescador lhe narrava a pavorosa história. Quanto este terminou o relato, o superior levantou a cabeça, deixando o capuz cair para trás, e então o pescador viu, com estupefação, que Sua Reverendíssima era um daqueles três monges que todo ano atravessavam o lago, e reconheceu ser justamente aquele que vira à noite como demônio pagão na biga triunfal puxada por leões: era o mesmo rosto lívido como mármore, os mesmos traços regulares e belos, a mesma boca de lábios suavemente arqueados — e sobre esses lábios pairava um sorriso benévolo, e dessa boca fluíram então as palavras tranquilizadoras, cheias de unção: "Querido filho em Cristo! De todo o coração acreditamos que passou esta noite na companhia do deus Baco, e sua assombrosa história de fantasma nos dá disso suficiente testemunho. Não queremos de modo algum dizer algo desagradável sobre esse deus, o qual, com certeza, é como uma aguardente que, uma vez ou outra, serve para desanuviar a mente e alegrar o coração do ser humano, mas é muito perigosa para aqueles que não aguentam beber muito, e este parece ser o seu caso. Por isso, nós o aconselhamos de hoje em diante a beber o precioso suco de uva com moderação, a não importunar mais as autoridades eclesiásticas com fantasmagorias provocadas pela embriaguez, e também a silenciar sobre esta sua última visão, ficando de boca inteiramente fechada; do contrário, o braço secular do beleguim terá de lhe aplicar vinte e cinco chicotadas. Mas agora, querido filho em Cristo, vá até a cozinha do convento, onde o irmão adegueiro e o irmão cozinheiro lhe darão de comer."

Dizendo isso, o reverendo abençoou o pescador, e quando este se dirigiu, atônito, à cozinha e viu o frade cozinheiro e o frade adegueiro, quase caiu no chão de susto — pois os dois eram os companheiros noturnos do superior, que com ele haviam atravessado o lago, e o pescador reconheceu tanto a pança e a calva de um, quanto os traços sorridentes e lascivos, mais as orelhas de bode, do outro. No entanto, guardou segredo de tudo, e só anos mais tarde contou a história a seus familiares.

Crônicas antigas, que narram lendas parecidas a esta, transpõem o cenário delas para Speyer, no Reno.

Na costa da Frísia oriental vigora uma tradição análoga, na qual aparecem, com toda a nitidez, antigas representações pagãs sobre a travessia dos mortos para o reino das sombras, que estão no fundamento de todas essas lendas. É verdade que nelas não se fala em parte alguma de Caronte, o que conduz o barco, e esse velhinho estranho tampouco se preservou na lenda popular, mas somente no teatro de marionetes; temos, no entanto, uma personagem mitológica muito mais importante naquele que se conhece sob o nome de expedidor: é ele quem agencia a travessia dos mortos e paga o tradicional preço das passagens ao barqueiro, que executa o serviço de Caronte e não passa de um simples pescador. A despeito do disfarce barroco, logo adivinharemos o verdadeiro nome daquela personagem, e por isso quero relatar aqui, de maneira tão fiel quanto possível, o que foi legado pela própria tradição:

Na Frísia oriental, na costa do Mar do Norte, há baías formando espécies de pequenos portos que são chamadas de *Siehle*. Num dos pontos mais extremos de uma dessas enseadas se encontra, solitária, a casa de um pescador, que ali vive tranquila e modestamente com a família. A natureza é triste, não se ouve canto de nenhum outro pássaro a não ser o das gaivotas, que por vezes saem voando de seus ninhos nas dunas de areia e anunciam tempestade com seus gritos fatídicos. O murmúrio monótono do mar rebentando na praia é combinação perfeita com o lúgubre cortejo das nuvens. Tampouco cantam os homens, e nesse litoral melancólico jamais se ouve estrofe alguma de canção popular. Nessa região, os homens são sérios, honestos, mais racionais que religiosos, e orgulhosos do espírito intrépido e da liberdade de seus antepassados. Essa gente não se deixa perturbar com coisas fantásticas, nem é de cismar muito. A pesca é o que há de mais importante para o pescador que vive em seu *Siehl* solitário, e também, de quando em quando, o dinheiro que lhe é pago pelos viajantes que querem ser transportados para uma das ilhas circunvizinhas do Mar do Norte. Dizem que, a certa altura do ano, precisamente ao meio-dia, no exato momento em que nosso pescador está à mesa almoçando com a família, um viajante adentra a sala grande e pede ao dono da casa que lhe conceda alguns minutos para tratar de negócios. Depois de insistir em vão com o visitante para que tome parte na refeição, o pescador enfim satisfaz o desejo dele, e os dois se afastam até uma mesinha localizada num canto. Não pretendo descrever detalhadamente o aspecto do forasteiro, à maneira ociosa dos novelistas; para a tarefa que me propus, basta uma indicação precisa. Observo, pois, o seguinte: o forasteiro é um homenzinho de idade já avançada, embora bem conservado, um velhinho de cabeça branca e ar juvenil, corpulento, sem ser gordo, as pequenas bochechas vermelhas como maçãs de Borstorf, os olhinhos piscando alegremente para todos os lados, com um pequeno chapéu tricorne sobre a cabecinha empoada. Sob uma *houppelande* amarelo-clara com inúmeros colarinhos, o homem veste a roupa antiquada que vemos nos retratos de comerciantes holandeses, e que revela uma certa opulência: um pequeno casaco de seda verde-papagaio, um colete bordado de flores, uma calça curta preta, meias listradas e sapatos de fivela; estes últimos estão tão lustrados, que não dá para entender como alguém pôde atravessar a pé os caminhos enlameados do *Siehl* sem se sujar. Sua voz é asmática, um filete agudo que por vezes desafina em choramingo, mas o homenzinho fala e se porta com solene gravidade, como convém a um comerciante holandês. Essa gravidade parece, porém, mais simulada que natural e por vezes contrasta com o ir e vir dos olhinhos inquiridores, bem como com a mal contida e inconstante agitação das pernas e dos braços. Que o forasteiro seja um comerciante holandês, não só o traje o testemunha, mas também a precisão e cautela mercantil com que sabe concluir o negócio da maneira mais favorável possível para seu cliente. Pois, como afirma, é um expedidor e recebeu de um de seus amigos de negócio a incumbência de enviar uma certa quantidade de almas — tantas quantas coubessem num barco comum — da costa da Frísia oriental para a Ilha Branca; ora, para isso, prossegue, ele gostaria de saber se o barqueiro aceitaria transportar, naquela noite, a referida carga até a referida ilha, e neste caso estaria disposto a pagar adiantado pela viagem, todo confiante em que, por humildade cristã, o pescador faria um preço bem camarada. O comerciante holandês (o que, no fundo, é um pleonasmo, já que todo holandês é comerciante) faz o pedido com a maior naturalidade, como se se tratasse de uma carga de queijo, e não de almas de mortos. O pescador fica um tanto quanto surpreso ao ouvir a palavra "almas", e um certo frio lhe corre a espinha, pois logo percebe que se trata de almas de mortos, e ele tem à frente o holandês fantasmagórico que já havia contratado muitos colegas seus para fazer a travessia das almas mortas, e pago bem por isso. Mas, como observei acima, esses moradores da costa da Frísia oriental são corajosos, sadios e sóbrios, e não têm aquela morbidez e aquela imaginação que nos tornam sensíveis ao fantasmagórico e ao sobrenatural; assim, o secreto sobressalto de nosso pescador dura apenas um instante: refreando o sentimento de inquietação, logo recobra a calma e, aparentando a maior serenidade, só pensa em aumentar a passagem ao preço mais alto possível. Depois de pechinchar e regatear um pouco, os dois contratantes chegam a um acordo a respeito do preço do trabalho, apertam as mãos para confirmar o negócio, e o holandês tira uma bolsa de couro suja, cheia de pequeninas moedas de prata, as menores jamais cunhadas na Holanda, e paga o preço total do frete com aquelas ridículas moedinhas. Explica ainda ao pescador que, para receber a carga, ele deve estar com seu barco num determinado lugar da costa, à meia-noite, hora em que a lua surgiria por entre as nuvens, e com isso se despede de toda a família, a qual em vão reitera o convite para o almoço, e a figura até há pouco tão grave se afasta dali com passos lépidos e curtos.

À hora marcada, o pescador está no lugar combinado: o barco inicialmente joga de um lado para o outro ao ritmo das vagas, mas assim que aparece a lua cheia, ele nota que a embarcação se move com menos leveza e vai afundado aos poucos até que a água fique a apenas um palmo de altura da borda. Essa circunstância lhe dá a entender que agora seus passageiros, as almas, devem estar a bordo, e ele parte com sua carga. Por mais que force a vista, nada consegue enxergar no barco, a não ser algumas tiras de névoa, que se movem de um lado para o outro e se misturam umas às outras, sem tomar uma forma definida. Por mais que aguce os ouvidos, não ouve nada mais que um chilreio e um rangido indizivelmente baixos. Apenas de quando em quando uma gaivota passa voando, com gritos estridentes, sobre sua cabeça, ou a seu lado um peixe põe a cabeça fora da água e o fita com olhos pasmados. A noite boceja, e a brisa do mar sopra ainda mais glacial. Por todo lado, apenas água, luar e silêncio; e em silêncio, como tudo a seu redor, o barqueiro finalmente chega à Ilha Branca e encosta seu barco. Não vê ninguém na praia, mas ouve uma voz estridente, chorosa e entrecortada por arfadas asmáticas, que reconhece ser a do holandês: na mesma maneira monótona de alguém que confere alguma coisa, ele parece ler uma lista só de nomes próprios, alguns dos quais conhecidos do pescador, e nomes de pessoas que morreram naquele ano. Durante a leitura da lista, o barco vai se tornando mais e mais leve, e se até bem pouco ainda afundava, pesado, na areia da praia, repentinamente se alça com leveza, tão logo a leitura termina; e o barqueiro, observando que com isso sua carga havia chegado ao endereço certo, volta de novo tranquilamente para mulher e filhos, para a querida casa no *Siehl*.

É isso o que ocorre sempre que se transportam almas para a Ilha Branca. Certa vez, o barqueiro observou algo peculiar: durante a leitura dos nomes da lista, o inspetor invisível se deteve subitamente e gritou: "Mas onde está Pitter Jansen?

Este não é Pitter Jansen." Ao que uma vozinha fina respondeu, gemendo: "Ik bin Pitter Jansens Mieke, un häb mi op mines Manns Noame inskreberen laten." (Sou a Mike de Pitter Jansen e me inscrevi com o nome de meu marido.)

Apesar do seu disfarce ardiloso, atrevi-me acima a desvendar a importante personagem mitológica que aparece nessa lenda. Tal personagem é ninguém menos que o deus Mercúrio, o então condutor das almas, Hermes Psicopompo. De fato, sob aquela surrada *houppelande*, sob aquela insípida figura de merceeiro, se esconde o mais brilhante jovem deus pagão, o astucioso filho de Maia. Naquele chapeuzinho tricorne não há sequer uma peninha que possa lembrar as asas do pétaso divino, e nos grosseiros sapatos de fivelas de aço não há o menor resquício das sandálias aladas; o pesado chumbo holandês é totalmente diferente do ágil mercúrio, ao qual o deus emprestou até mesmo o nome: mas é justamente o contraste que revela a intenção, e o deus escolheu aquela máscara devido à segurança tanto maior que o disfarce lhe proporcionaria. Mas talvez não a tenha escolhido de modo algum por veleidade: como vocês sabem, Mercúrio era, ao mesmo tempo, deus dos ladrões e dos comerciantes, e era natural que levasse em conta seus antecedentes e seus talentos ao escolher uma máscara que o pudesse esconder e uma profissão que o pudesse sustentar. Seus talentos eram comprovados: como o mais inventivo dos olímpios, tendo descoberto o gás solar[32] e também que a tartaruga podia se transformar numa lira, roubou homens e deuses, e já quando criança foi um pequeno Calmonius que escapou do berço para surrupiar uma parelha de bois. Ele teve de escolher entre duas atividades que, no essencial, não diferem muito, já que em ambas a tarefa consiste em obter o que pertence aos outros pelo menor preço possível: o astucioso deus ponderou, no entanto, que o ofício de ladrão não goza junto à opinião pública de

---

[32] Heine se refere aos experimentos, fracassados, de Ferdinand Friedland no campo da fabricação de gás. (NT).

um respeito tão grande quanto o de comerciante; que aquele é proibido pela polícia, enquanto este é até privilegiado pelas leis; que agora os comerciantes galgaram o degrau mais alto na escala da honra, enquanto os ladrões de ofício têm às vezes de subir uma escada bem menos agradável; que estes arriscam a liberdade e a vida, enquanto o comerciante pode perder somente o seu capital ou o de seus amigos, e o mais ardiloso dos deuses se tornou comerciante e, para ser um comerciante por inteiro, se tornou, inclusive, holandês. Sua longa prática como antigo Psicopompo, como condutor de sombras, o tornava especialmente apto para a expedição de almas, cujo transporte para a Ilha Branca, como vimos, era explorado por ele.

Às vezes, essa Ilha Branca também é chamada de Brea ou Britinia. Será que com isso se faz alusão à branca Albion, às rochas calcárias da costa inglesa? Seria uma ideia humorística querer caracterizar a Inglaterra como uma terra dos mortos, como o reino de Plutão, como o inferno. Mas, de fato, talvez ela se apresente assim a alguns estrangeiros.

Num ensaio sobre a lenda de Fausto discuti muito a crença popular no que se refere ao reino de Plutão e a ele próprio. Lá mostrei como o antigo reino das sombras se tornou um perfeito inferno e como o antigo imperador das trevas foi inteiramente convertido em diabo. Contudo, as coisas soam assim chocantes somente no estilo de sermão de igreja: a despeito do anátema cristão, a posição de Plutão permaneceu essencialmente a mesma. Ele, o deus do mundo subterrâneo, e seu irmão Netuno, o deus dos mares, não emigraram como os outros deuses, mas permaneceram em seus domínios, em seu elemento, mesmo depois da vitória do cristianismo. Pouco importava que fábulas extravagantes eram inventadas sobre ele aqui na terra: o velho Plutão continuava lá embaixo, bem aquecido, ao lado de sua Proserpina. Netuno teve de suportar muito menos calúnias que seu mano Plutão, e nem as badaladas dos sinos, nem os acordes de órgão podiam ferir-lhe os ouvidos lá no fundo do oceano, onde permanecia tranquilamente ao lado da mulher Anfitrite, de seios alvos, e da úmida corte de Nereidas e Tritões. Somente de tempos em tempos, quando algum jovem marinheiro cruzava pela primeira vez a linha do Equador, é que ele surgia em meio às vagas, brandindo o tridente nas mãos, a cabeça coroada de juncos e a barba prateada descendo em ondas até o umbigo. Era então que o neófito recebia o terrível batismo nas águas do mar, durante o qual Netuno proferia um longo discurso enfático, cheio de chistes picantes de marinheiros, que ele, para deleite de seus ouvintes alcatroados, mais cuspia do que falava, junto com a lixívia amarela do tabaco mascado. Um amigo, que me descreveu detalhadamente como tal mistério oceânico é celebrado pelos marinheiros em seus navios, assegurou que os marujos que mais riam como loucos das farsas carnavalescas de Netuno eram justamente os que não duvidavam um momento sequer da existência do deus marinho e, nas situações de grande perigo, por vezes rezavam pedindo ajuda a ele.

Netuno continuou sendo, portanto, o soberano do reino das águas, assim como Plutão, apesar de satanizado, permaneceu o príncipe do mundo subterrâneo. Eles tiveram melhor sorte do que seu irmão Júpiter, o terceiro filho de Saturno, que chegou ao poder no céu depois da queda do pai e, como rei do mundo, exerceu despreocupadamente seu alegre governo ambrosíaco no Olimpo, com o cintilante séquito dos risonhos deuses, deusas e ninfas de honra. Quando sobreveio a funesta catástrofe, quando foi proclamado o regime da cruz, o regime do sofrimento, também o grande Cronida emigrou, sumindo no tumulto provocado pela invasão dos bárbaros. Suas pegadas desapareceram, e em vão inquiri crônicas antigas e senhoras idosas: ninguém sabia me dar informação sobre seu destino. Com o mesmo propósito revirei várias bibliotecas, nas quais pedi que me mostrassem os mais magníficos códices adornados de ouro e pedras preciosas, verdadeiras odaliscas no harém da ciência, e, como é de praxe, faço aqui meu agradecimento público aos eunucos eruditos que, deixando a rabugice de lado e até com amabilidade, me permitiram ter acesso àqueles tesouros reluzentes. Era como se não tivesse sido preservada nenhuma tradição popular a respeito de algum Júpiter medieval, e tudo o que pude fisgar consiste numa história que um dia me foi contada por meu amigo Niels Andersen.

Nem bem acabo de mencionar o nome de Niels Andersen, e essa figura amável e divertida ressurge vivamente em minha memória. Quero lhe dedicar algumas linhas aqui. Gosto de indicar minhas fontes e discutir suas qualidades, a fim de que o leitor benévolo julgue por si mesmo até onde são fidedignas. Eis, pois, algumas palavras sobre aquele que me serviu de fonte.

Niels Andersen nasceu em Drontheim, na Noruega, e foi um dos maiores pescadores de baleia que conheci. Sou-lhe muito grato. Devo a ele todos os meus conhecimentos referentes à pesca de baleia. Foi ele quem me familiarizou com todas as artimanhas que o esperto animal usa para escapar do caçador, e quem me confiou os estratagemas para evitá-las. Ensinou-me os truques para lançar o arpão, mostrando-me como se deve apoiar o joelho da perna direita na borda dianteira do barco na hora de dispará-lo contra a baleia, e como, com a perna esquerda, se deve dar um belo pontapé no marujo que não fez a corda do arpão correr com bastante rapidez. Devo-lhe tudo, e se não me tornei um grande caçador de baleias, a culpa não é de Niels Andersen, nem minha, mas de minha má sina, que não consentiu que eu encontrasse pelos caminhos de minha vida uma baleia qualquer com a qual pudesse travar um digno combate. Tudo o que encontrei foram bacalhaus medíocres e arenques miseráveis. De que serve o melhor arpão contra um arenque? Por causa de minhas pernas inteiriçadas, tenho agora de renunciar a todas as minhas esperanças em relação à caça.

Quando conheci Niels Andersen em Ritzebüttel, próximo a Cuxhafen, também ele já não tinha as pernas boas, pois um jovem tubarão no Senegal, tomando-lhe talvez a perna direita por um pirulito, arrancou-a com uma mordida, e a partir dessa data o pobre Niels teve de claudicar por aí apoiado numa perna de pau. Na época, sua maior diversão era ficar sentado num tonel alto, no bojo do qual batucava com a perna de madeira. Eu frequentemente o ajudava a subir no tonel, mas muitas vezes não queria ajudá-lo de novo a descer, até que me contasse uma de suas estranhas lendas de pescador.

 Da mesma forma que Muhamet Eben Mansur sempre iniciava suas canções com um elogio ao cavalo, Niels Andersen começava todas as suas histórias com uma apologia da baleia. Tampouco faltou um tal encômio à lenda que recontaremos aqui. A baleia, disse Niels Andersen, não só é o maior, como também o mais belo dos animais. Das duas fossas nasais acima de sua cabeça jorram dois colossais jatos d'água, que lhe dão o aspecto de um maravilhoso chafariz e produzem um efeito mágico, especialmente nas noites de luar. Além disso, é benévola, pacífica e aprecia muito a pacata vida familiar. É um espetáculo comovente ver quando papai-baleia se refestela numa imensa pedra de gelo, e ao seu redor jovens e adultos tentam se superar uns aos outros em jogos amorosos e gracejos inocentes. Às vezes todos pulam juntos na água para brincar de cabra-cega entre os grandes blocos de gelo. A pureza moral e a castidade das baleias são estimuladas muito mais pelas águas geladas, onde têm de ficar o tempo todo remexendo a cauda, do que por princípios morais. Infelizmente, também é inegável que não têm senso religioso algum, que são de todo sem religião.

 Creio que isso é um erro — disse, interrompendo meu amigo —, li recentemente o relato de um missionário holandês no qual este descreve a magnificência da Criação, que nas altas regiões polares se revelaria quando o sol surge pela manhã, e a luz do dia derrama seus raios sobre as extravagantes e gigantescas geleiras. Estas, diz ele, que lembram os castelos de diamante dos contos de fada, dão um testemunho tão impressionante da onipotência de Deus, que não só o homem, mas, arrebatada por esse espetáculo, até mesmo a bruta criatura que é o peixe dirige preces ao Criador — e o tal *domine* assegura que viu com seus próprios olhos mais de uma baleia se encostar, ereta, numa parede de gelo e mover para cima e para baixo a parte superior do corpo, como fazem pessoas quando rezam.

Niels Andersen balançou a cabeça de um modo estranho: não negava que por vezes ele próprio vira baleias encostadas numa parede de gelo, fazendo movimentos não sem semelhança com aqueles que observamos em oratórios de diferentes seitas religiosas, mas de maneira alguma queria creditar isso a algum fervor religioso. Explicou a questão pelo lado fisiológico: observou que a baleia, que é o Chimboraço entre os animais, possui sob a pele uma camada de gordura de tão grande profundidade, que muitas vezes uma única baleia fornece de cem a cento e cinquenta barris de sebo e óleo. Essa camada de gordura é tão grossa, que, quando o grande animal dorme sobre uma pedra de gelo, algumas centenas de ratos d'água podem ali se aninhar, e esses hóspedes, infinitamente maiores e mais vorazes que nossos ratos terrestres, levam uma vida feliz sob a pele da baleia, onde podem se empanturrar dia e noite com gordura da melhor qualidade, sem precisar sair do ninho. Por fim, é bem possível que essas comilanças se tornem um tanto incômodas e até dolorosas para o inadvertido anfitrião: ora, como não tem mãos, diferentemente do homem, que graças a Deus pode se coçar quando sente comichões, a baleia procura aliviar o tormento interior encostando-se nos cantos pontiagudos de uma parede de gelo e, com movimentos para cima e para baixo, neles esfrega as costas com toda a veemência, exatamente como fazem entre nós os cães, que costumam se esfregar em camas quando estão infestados de pulgas. Ora, o honrado *domine* teria considerado esses movimentos como sendo os de alguém que estivesse rezando, e os teria atribuído ao fervor religioso, quando na verdade foram provocados somente pelas orgias dos roedores. Por mais sebo que possa ter, a baleia, concluiu Niels Andersen, não tem o menor senso religioso. Não reverencia nem os santos, nem os profetas, e não pôde suportar nem mesmo o pequeno profeta Jonas, que certa vez foi engolido por engano por uma baleia e cuspido de novo para fora três dias depois. O primoroso gigante, infelizmente, não tem religião, e uma baleia venera tão pouco nosso verdadeiro senhor Deus, cuja morada é lá em cima no céu, quanto o falso deus pagão que habita lá longe, no Polo Norte, na Ilha dos Coelhos, onde ela por vezes vai visitá-lo.

Que lugar é esse, a Ilha dos Coelhos?, perguntei ao nosso Niels Andersen. Ele, porém, bateu com a perna de pau no tonel e retrucou: Esta é justamente a ilha onde se passa a história que devo contar. A verdadeira localização dela, isso eu não posso indicar com exatidão. Desde que foi descoberta, ninguém conseguiu ir de novo até lá. Os obstáculos são os gigantescos icebergs que se amontoam ao redor dela e talvez só raramente permitam uma aproximação. Os únicos a pôr os pés na ilha foram a tripulação de uma baleeira russa, que certa vez foi tragada até aquelas paragens por tempestades setentrionais, e cem anos já se passaram desde então. Quando os marujos lá aportaram com seu barco, acharam a ilha completamente despovoada e erma. Os caules da giesta balançavam tristemente sobre a areia movediça; só aqui e ali havia alguns pinheiros-anões e o mato mais estéril rastejando pelo chão. Os marinheiros viram uma porção de coelhos saltitantes, razão pela qual deram ao lugar o nome de Ilha dos Coelhos. Apenas uma mísera cabana dava notícia de que algum ser humano morava por ali. Quando os marinheiros nela entraram, viram um ancião extremamente idoso, precariamente vestido com peles de coelho mal remendadas, sentado numa cadeira de pedra diante do fogão, aquecendo as mãos magras e os joelhos trêmulos na chamazinha de uns poucos galhos secos. Ao lado direito dele, estava um pássaro enorme, que parecia ser uma águia, a qual, porém, o tempo havia tão cruelmente desplumado, que conservou apenas as longas penas desgrenhadas das asas, o que dava ao animal desnudo um aspecto altamente engraçado, mas ao mesmo tempo horripilante e feio. Ao lado esquerdo do velho estava deitada uma cabra extraordinariamente grande e sem pelo, que parecia ser muito velha, embora úberes, de tetas rosadas e frescas, ainda lhe descessem da barriga túmidos de leite.

Entre os marinheiros russos que aportaram na Ilha dos Coelhos havia alguns que eram gregos, e um dentre eles, acreditando que não seria entendido pelo dono da cabana, disse a um dos camaradas em sua língua materna: esse velho esquisito é um fantasma ou um demônio do mal. Ao ouvir, porém, essas palavras, o velho se levantou bruscamente da cadeira de pedra, e com grande espanto os marinheiros viram uma figura alta e imponente, que, a despeito da idade avançada, mantinha-se em pé com uma dignidade senhoril, quase a dignidade de um rei, e por pouco não batia a cabeça nas vigas do teto: embora devastados e corroídos, os seus traços também atestavam uma beleza primordial, eram nobres e rigorosamente proporcionais; só muito parcimoniosamente alguns poucos fios prateados caíam sobre a testa sulcada pelo orgulho e pela idade; os olhos pálidos e fixos lançavam no entanto um olhar penetrante, e da boca arqueada para o alto saíram palavras eufônicas e sonoras, ditas no antigo dialeto grego: "Vós vos enganais, ó jovem, eu não sou nem um fantasma, nem um demônio do mal; sou um infeliz que já viu dias melhores outrora. Mas quem sois vós?"

Os marinheiros narraram então ao homem as desventuras de sua viagem e pediram informações sobre tudo o que dizia respeito à ilha. Bastante escasso era, porém, o que tinha para lhes comunicar. Desde tempos imemoriais, disse o velho, ele habitava aquela ilha, cujos baluartes de gelo lhe proporcionaram um refúgio seguro contra seus implacáveis inimigos. Vivia principalmente da caça de coelhos, e todos os anos, quando as massas de gelo flutuantes assentavam, alguns grupos de selvagens iam até lá em seus trenós, selvagens aos quais vendia peles de coelho, e que lhe deixavam toda espécie de objetos de primeira necessidade como pagamento. As baleias, que por vezes vinham nadar perto da ilha, eram sua companhia preferida. Contudo, dava-lhe prazer agora conversar de novo em sua língua materna, pois era grego; pediu também aos compatriotas que lhe dessem notícias sobre como andava a situação atualmente na Grécia. Não conseguiu disfarçar a maliciosa alegria ao saber que a cruz fora arrancada do alto das torres das cidades gregas; mas não gostou muito de ouvir que agora a lua crescente estava fincada no lugar dela. Era estranho que nenhum dos marinheiros conhecesse os nomes das cidades a respeito das quais o velho indagava, e que, conforme assegurava, haviam sido florescentes na época dele; da mesma maneira, eram estranhos para ele os nomes que os marinheiros davam às atuais cidades e aldeias da Grécia. Por isso, o velho balançava reiteradamente a cabeça com melancolia, e os marinheiros se olhavam com espanto. Notaram que ele conhecia muito bem todas as localidades gregas, e na verdade sabia descrever de maneira tão precisa e palpável as baias, os istmos, os recortes das montanhas, e muitas vezes até mesmo a mais ínfima colina e as menores cordilheiras, que sua ignorância dos nomes dos lugares mais comuns causou grande admiração entre os marinheiros. Foi assim que os interrogou com especial interesse, e até com certa ansiedade, sobre um templo antigo, que, assegurava, teria sido na época dele o mais belo em toda a Grécia. Contudo, nenhum dos ouvintes conhecia aquele nome que pronunciava com ternura, até que por fim, depois que o velho novamente descreveu com toda a exatidão a localização do templo, um jovem marujo reconheceu o lugar a que ele se referia.

A aldeia em que nasci, disse o jovem, está situada justamente nessa região, e, quando eu era menino, esse lugar que ele descreveu era onde eu passava horas cuidando dos porcos de meu pai. Nesse local, disse, se encontravam de fato as ruínas de uma construção antiquíssima, que atestavam um esplendor que há muito tempo deixara de existir: somente algumas grandes colunas de mármore ainda permaneciam de pé aqui e ali, isoladas umas das outras ou ligadas superiormente pelas pedras de um frontão, de cujas rachaduras pendiam, como tranças de cabelos, ramos floridos de madressilvas e campanuláceas vermelhas. Outras colunas, dentre as quais algumas de mármore rosa, jaziam despedaçadas pelo chão, e a grama crescia sobre os valiosos capitéis, lindamente cinzelados em forma de folhas ou de flores. Grandes lajes de mármore, restos de parede em forma retangular ou de telhado em forma triangular também se espalhavam, semienterrados, pelo chão, sobrepujados por uma enorme figueira selvagem, que havia crescido por entre os escombros. Muitas vezes, prosseguiu o moço, passei longas horas à sombra dessa árvore, contemplando as estranhas figuras retratadas nas grandes pedras por um fino trabalho de escultor, figuras que representavam toda espécie de jogo e luta, que eram bem graciosas e divertidas de ver, mas que, infelizmente, também estavam muito destruídas pelas intempéries ou cobertas de musgo e hera. Meu pai, a quem perguntei sobre o misterioso significado daquelas colunas e imagens, disse-me então que eram ruínas de um templo antigo, outrora morada de um deus ímpio, um deus pagão, que não somente se entregara à mais franca libertinagem, mas também tivera vícios hediondos e praticara incesto; apesar disso, para venerá-lo, os cegos idólatras chegavam a imolar até cem bois de uma só vez diante de seu altar; o bloco de mármore escavado onde correra o sangue das vítimas ainda existia, e era essa tina de pedra que eu, seu filho, por vezes usava para dar de beber aos porcos com a água da chuva ali acumulada, ou guardar as sobras de comida com que os alimentava.

Assim falou o jovem. Mas nisso o ancião soltou um suspiro, que revelava a mais terrível dor: consternado, caiu sentado em sua cadeira de pedra, cobriu o rosto com ambas as mãos e chorou como uma criança. O grande pássaro começou a soltar gritos medonhos, abrindo as asas enormes e ameaçando os forasteiros com as garras e o bico. A velha cabra, porém, lambia as mãos do amo e balia tristemente, como se quisesse acalmá-lo.

Diante de tal visão, um estranho mal-estar tomou conta dos marinheiros: eles deixaram rapidamente a cabana e ficaram contentes, quando não mais ouviram nem os soluços do ancião, nem a gritaria do pássaro, nem os balidos da cabra. De volta a bordo do navio, narraram a sua aventura. Entre a tripulação havia, contudo, um erudito russo, professor da Faculdade de Filosofia da Universidade de Casã, o qual declarou ser tal acontecimento da mais alta importância; com o dedo indicador junto ao nariz, expressão de sagacidade, assegurou aos marinheiros: o ancião da Ilha dos Coelhos era, indiscutivelmente, o antigo deus Júpiter, filho de Saturno e de Reia, outrora rei dos deuses. O pássaro a seu lado era, ao que tudo indica, a águia que outrora portava os terríveis raios em suas garras. E com toda probabilidade a velha cabra não poderia ser outra senão Amalteia, a velha ama de leite que já amamentara o deus em Creta, e que agora com seu leite novamente o nutria no exílio.

Assim narrou Niels Andersen, e confesso que o relato encheu de melancolia a minha alma. Suas explicações sobre o secreto sofrimento das baleias já haviam despertado minha compaixão. Pobre besta gigante! Não há remédio contra a desprezível ralé de ratos que se aninham em teu corpo e te roem sem cessar, e ainda terás de carregá-los pelo resto da vida, e mesmo se fugires, desesperada, do Polo Norte ao Polo Sul e te esfregares nas bordas do gelo — isso em nada te ajudará, não conseguirás te livrar deles, e ainda por cima te faltará o consolo da religião! Ratos ocultos corroem todas as grandezas desta terra, e os próprios deuses têm de sucumbir, ignominiosamente, no fim. Assim o quer a férrea lei de Fado, e diante deste até o mais superior dos imortais tem de baixar humildemente a cabeça. O deus que foi cantado por Homero e retratado em ouro e marfim por Fídias; ele, que precisava apenas piscar os olhos para fazer a terra tremer; ele, o amante de Leda, de Alcmena, de Sémele, de Dánae, de Calisto, de Io, de Leto, de Europa etc. — ele por fim tem de se esconder atrás dos icebergues do Pólo Norte e negociar peles de coelhos para ganhar miseravelmente a vida, como um reles saboiano!

Não duvido que haja pessoas que se deliciam maliciosamente com esse espetáculo. Talvez essas pessoas sejam descendentes daqueles bois desditosos, imolados em hecatombes nos altares de Júpiter — que elas se alegrem, pois vingado está o sangue de seus ancestrais, pobres vítimas da superstição! Mas nós outros, que não temos nenhum rancor hereditário, a nós nos enternece o espetáculo da decaída grandeza, e a ela dedicamos nossa mais pia compaixão. Talvez esse sentimentalismo nos impeça de imprimir à nossa narrativa aquela fria seriedade que é um atavio do historiador; apenas em certa medida nos empenhamos por aquela séria gravidade que só na França pode ser alcançada. Dito isso, submetemo-nos humildemente à benevolência do leitor, pelo qual sempre testemunhamos o mais alto apreço, e damos aqui por encerrada a primeira seção de nossa história dos deuses no exílio.

APÊNDICES

TRECHOS SUPRIMIDOS PELO AUTOR

[DE DIEUX EN EXIL]

a)

O estudo que se lerá é o produto mais recente de minha pena; somente algumas páginas são de uma data mais antiga. É para mim importante fazer essa observação a fim de não dar a impressão de estar entrando na seara de certos libretistas que tantas vezes souberam tirar partido de minhas pesquisas legendárias. Gostaria muito de prometer para breve uma continuação deste trabalho, cujos dados foram se acumulando em minha memória; mas o precário estado de saúde em que me encontro não me permite assumir um compromisso para o amanhã.[33]

b)

Quanto ao seu valor intrínseco, concedo de muito bom grado que o poema antigo é preferível ao meu. Em sua unidade simbólica e absoluta, em sua arquitetura severa e magistral, que lembra as catedrais góticas, ele certamente supera a leve estrutura de meu poema, que acaba arbitrariamente numa cauda extravagante, marca característica de uma época onde apenas o fantástico é valorizado na arte.

---

[33] O trecho deveria ser uma nota preliminar. (N.T.)

c)

Contudo, eu não aconselharia a um poeta moderno tentar produzir esses mesmos efeitos utilizando-se dos mesmos meios. Uma tal imitação não passaria de um pastiche, de uma caricatura da ingenuidade, como o é, por exemplo, o coveiro aeronauta, esse pequeno drama ultrarromântico do barão Henri Blaze de Bury, fidalgo francês muito talentoso, que também tem a honra de ter tido um músico de grande mérito entre seus antepassados.[34]

d)

De acordo com a hipótese mitológica do erudito russo, a ira do destino teria atingido até mesmo o rei dos deuses; o temível filho de Cronos teve de trocar os esplendores da mais magnífica existência pela humilhação mais profunda. Ele, que foi cantado por Homero e esculpido por Fídias, ele, que com um movimento das sobrancelhas fazia o universo tremer — ele não teve outra saída senão se esconder na Ilha dos Coelhos, em meio a montanhas de gelo, onde só podia satisfazer as necessidades de uma vida miserável tornando-se comerciante de peles de coelho, como um simples saboiano! Que os descendentes das hecatombes, dos pobres animais outrora degolados nos altares, aplaudam esse fim trágico, e que se regozijem com o sangue de seus antepassados vingado no deus olímpico. — Quanto a nós, esse fim nos aflige no fundo da alma, e é com a profunda gravidade que convém à história que terminamos aqui o primeiro livro de nossa história dos deuses decaídos.

---

[34] O "coveiro aeronauta" é a personagem-título *Vulturio*, peça em dois atos do escritor, músico, jornalista e tradutor Ange-Henri Blaze de Bury (1813-1888), neto do notário e compositor Henri-Sébastien Blaze (1763-1833). (NT)

e)

Do mesmo modo, alguns homens de fronte abatida, de camisola branca com dobras enormes e coração mesquinho, que sempre invejou os eminentes e odiou todos aqueles que suplantam o nível de sua mediocridade: que estes se regozijem com a humilhação ignominiosa do maior dos senhores! A plebe ignara, nem é preciso dizer, tem o privilégio de vilipendiar hoje aquilo que idolatrou na véspera. Quanto a nós, sentimo-nos tomados de uma dolorosa comiseração. E é com a séria piedade que convém ao historiador e com a gravidade que não se adquire senão na França que termino aqui o primeiro livro de minha história dos deuses desbancados.

[DE *GÖTTER IM EXIL*]

f)

Esse juízo audaz suscitou, num grau não desprezível, a desaprovação da chamada corporação dos eruditos. Mas ela não me fez sofrer tanto quanto a irritação das autoridades de meu país, irritação que fiz despertar contra minha pessoa pelo mesmo motivo. Não foi por causa das ideias que a "Jovem Alemanha" trazia ao mercado, mas por causa da forma popular em que aquelas ideias haviam sido revestidas, que se decretou o famoso anátema à plebe perniciosa e principalmente ao chefe da conspiração, o mestre da linguagem, no qual não se perseguia propriamente o pensador, mas tão somente o estilista. Não, confesso modestamente, meu crime não foi o pensamento, mas o modo de escrever, o estilo.

Meu amigo Heinrich Laube chamou certa vez esse estilo de pólvora literária. Foi, com efeito, uma boa invenção, e a geração posterior, que não descobriu essa pólvora, ao menos soube utilizá-la habilmente para fazer suas detonações.

g)

Exatamente como naqueles primeiros tempos em que os Titãs chegaram ao poder, os deuses, quando o cristianismo venceu, também tiveram de procurar se esconder e disfarçar. Alguns deles buscaram refúgio em ocupações humilhantes? O vaqueiro por quem a princesa de Zähringen se apaixonou era talvez Febo Apolo? Seu rosto tinha traços tão nobres, diz a crônica, quanto uma estátua de mármore, e quando tocava a cítara, os corações ficavam enfeitiçados. Também parece ter confessado, sob tortura, que fora um deus pagão.

h)

De Marte se dizia que residiu por muito tempo como carrasco em Pádua. Gostaria de comunicar aqui em poucas palavras a tradição referente a isso.

Um jovem da Vestfália chamado Hans Werner havia viajado para Pádua a fim de fazer seus estudos, e quando lá chegou, ficou bebendo até altas horas da noite com seus compatriotas. Ao voltar para a hospedaria, passando pela praça do mercado, teve um acesso de orgulho tal, que sacou a espada da bainha, afiou-a nas pedras e proclamou alto: quem quisesse esgrimir com ele, que se apresentasse!

A praça do mercado, onde não havia vivalma, reluzia silenciosamente à luz do luar, e o sino bateu meia-noite. Hans Werner continuou afiando sua espada, que tinia e retinia, e lançou mais uma vez o seu desafio. Ao gritar pela terceira vez o desaforo, um homem de estatura elevada se aproximou, sacou por sob o manto vermelho uma espada larga, refulgente, e avançou em silêncio sobre o vestfaliano atrevido. Este logo se colocou em posição de defesa, fez suas melhores quartas e suas ainda melhores quintas,[35] mas em vão: ele não pôde nem ferir nem desarmar seu adversário. Cansado de lutar inutilmente, Hans Werner enfim parou e disse: "Você não é um homem vivo, pois minha mãe abençoou tão bem as minhas armas, que nenhum mortal me pode resistir; logo, ou você é um diabo, ou é um defunto." "Não sou nem um, nem outro", respondeu aquele. "Sou o deus Marte e estou prestando serviço de carrasco à República de Veneza. Esta aqui é a minha espada da justiça; para mim é muito bom que as pessoas tenham um medo supersticioso de qualquer contato comigo, e que o povinho tedioso e rotineiro fique bem longe de mim. De todo modo, não me faltam conhecidos e hoje à noite mesmo serei o principal convidado num banquete que as mais belas damas honrarão com sua presença. Venha comigo, se não tiver medo!" "Não tenho medo algum", respondeu o outro, "e aceito o convite com prazer." De braços dados, os dois foram caminhando pelas vielas vazias até sair pela porta da cidade e, depois de andarem um trecho, chegaram a um jardim iluminado. Ao entrarem, Hans Werner avistou grupos de pessoas bem arrumadas, que passeavam sob as árvores e cochichavam. Isso mesmo, elas não conversavam em voz alta, mas cochichavam. Algumas delas tinham um andar muito próprio, especialmente um homem alto, cujas pernas se confrangiam constantemente em espasmos como se tivesse gota, e cuja cabeça sempre pendia para um lado. Apontando para ele, o vestfaliano perguntou a seu companheiro se aquilo era brincadeira ou doença. "É porque foi enforcado", respondeu bem secamente o outro. "Mas o que há com aqueles outros dois", prosseguiu Hans Werner, "que se movem com dificuldade, como se tivessem rompidos os membros?" "Eles não têm nada", recebeu como resposta, "quem passou pelo suplício da roda, também continua com o andar um pouco cambaleante depois da morte." As mulheres também tinham

---

[35] Nome de posições na esgrima. (NT)

um aspecto estranho. Estavam extraordinariamente bem vestidas, com roupas de diversas cores, como era moda na época, só que de uma maneira um pouco extravagante e exagerada, e os atavios e todo o ser delas revelava um luxo atroz, ofensivo. Muitas delas eram de extraordinária beleza e pintadas com mais ou menos carmim. Em algumas, porém, se evidenciava uma palidez branca como o giz, e em volta dos lábios pairava um sorriso a um só tempo pungente e zombeteiro. O jovem vestfaliano deliciava seu coração contemplando aquelas belas mulheres. Quando foram para a mesa, deu o braço a uma jovem loira, que lhe havia particularmente agradado. A ceia era num terraço, ou melhor, num lugar retangular elevado, cercado de guirlandas de lâmpadas e de flores; o grupo era composto de umas cinquenta pessoas, e o companheiro do jovem alemão estava postado, como se fosse o anfitrião, no canto mais alto da mesa. Ele mesmo estava sentado ao lado da jovem loira, que era muito espirituosa e não parecia nem um pouco melindrada, mesmo quando seus galanteios recebiam tintas bem mais fortes. Também aqui encontramos mais uma vez o detalhe sinistro da falta de sal. Outras esquisitices também chamaram a atenção do jovem alemão à mesa. Ele viu diversos pássaros negros, corvos e gralhas, voando ao redor, pousando nas cabeças dos convivas e debicando seus penteados. Em várias mulheres, cuja gola do vestido havia descido, o jovem vestfaliano observou um largo risco cor de sangue em torno do pescoço. "O que é isso?", perguntou a sua vizinha. Esta, porém, desabotoou o colchete de seu corpete, e em torno de seu pescoço se mostrou um risco igual, e ela respondeu: "Isso se deve à decapitação." Omito o evento cruelmente sensual que encerrou a festa, e a brincadeira sangrenta com que por fim o deus pagão regalou seus convidados. A história acaba aproximadamente como aquela que contei por primeiro: o herói, que adormeceu nos braços da amada, acordou na manhã seguinte no calvário do patíbulo.

FONTES[36]

TRAVESSIA

Em noite de tempestade, uma figura de monge acorda um barqueiro atordoado de sono, põe-lhe *a paga da viagem na mão* e exige ser levado ao outro lado do rio. Primeiro seis monges sobem na canoa, mas nem bem esta é solta e está no meio da correnteza, quando é repentinamente invadida por uma porção de senhores de preto e branco, e o barqueiro quase não tem espaço para si próprio. Ele rema com esforço até o outro lado, a carga desce, e a embarcação é arrastada por uma súbita tempestade de volta ao ponto de partida, onde já esperam novos viajantes, que entram no barco, e o primeiro deles, com dedos gelados, põe *na mão* do barqueiro *o vintém como paga pela viagem*. O retorno do barco se dá do mesmo modo violento. Coisas semelhantes, com menos detalhes, são contadas a respeito de monges que durante a noite atravessam o Reno em Speier. Em ambas histórias não se depreende a finalidade da travessia: parecem antiquíssimas lembranças pagãs, que se modificaram para não se extinguir de todo.

Falando da ilha Brittia, Procópio, de bello goth. 4, 20 (edição Bonn, 2, 567), relata uma lenda que ele próprio ouvira com frequência da boca dos habitantes. Eles acreditam que as almas de pessoas mortas são *transportadas para aquela ilha*. Na costa continental moram, sob o domínio francônio,

---

[36] À exceção do segundo, os títulos são dos organizadores do volume. Os trechos figuram aqui como ilustração da maneira como Heine reelabora suas fontes.

mas desde tempos longínquos estando dispensados de pagar impostos, pescadores e lavradores que têm a incumbência de *fazer a travessia das almas*. A tarefa é feita por revezamento. Aqueles que são incumbidos dela, qualquer que seja a noite, vão dormir assim que o sol começa a se pôr. À meia-noite ouvem bater em suas portas, e chamados em voz abafada. Eles imediatamente se levantam, vão até a praia e lá veem *canoas vazias*, estranhas, não as suas próprias, sobem nelas, pegam os remos e partem. Então percebem a canoa *totalmente carregada*, de tal modo que a borda fica apenas quase um dedo acima da água. No entanto, eles não veem ninguém, e depois de uma hora já aportam, enquanto de ordinário gastam noite e dia para fazer isso com suas próprias embarcações. Chegando em Brittia, a canoa é imediatamente descarregada e fica tão leve que só toca a corrente na parte inferior. Eles não veem ninguém, nem durante a viagem, nem durante o desembarque, mas ouvem uma voz perguntar, a cada um, o seu nome e o seu país. Quando levam mulheres, estas dão o nome dos maridos.

Para Procópio, 2, 559, Brittia não dista mais de duzentos estádios ou cinco milhas alemãs da costa, entre Britannia e Thule, diante da desembocadura do Reno; é habitada por três povos, anglos, frísios e britânicos. Por Britânia ele entende a costa ocidental da terra gália (?), um dos extremos da qual ainda agora se chama Bretagne, mas que no século VI se estendia muito além da posterior região da Normandia, de Flandres e da Frígia até a desembocadura do Schelde e do Reno; para ele, Brittia é a Grã-Bretanha e Thule a Escandinávia.

(Jacob Grimm, *Deutsche Mythologie*, 1876, 4. ed.)

A TRAVESSIA DOS MONGES

Na cidade de Speier vivia outrora um pescador. Certa noite, quando chegou ao Reno e ia armar sua rede, um homem vestindo um capuz preto à moda dos monges se aproximou e, depois de saudado respeitosamente pelo pescador, disse: "Trago uma mensagem de muito longe e gostaria de atravessar o Reno." — "Entre comigo no bote", respondeu o pescador, "eu o levarei ao outro lado." Quando o transportou à outra borda e regressou, ainda havia outros cinco monges na margem que também desejavam embarcar, e o pescador perguntou modestamente o que os levava a viajar numa noite tão vazia. "A necessidade nos impele", respondeu um dos monges, "o mundo nos é hostil, por isso aceite-nos a nós e à recompensa de Deus por isso." O pescador quis saber o que lhe dariam pelo seu trabalho. Eles disseram: "No momento, somos pobres, mas se nossa situação voltar a melhorar, você poderá sentir nossa gratidão." O barqueiro desatracou, mas quando o bote chegou ao meio do Reno, se formou uma terrível tempestade. Ondas de água cobriram a embarcação, e o pescador empalideceu. "Que é isso", pensou consigo, "ao cair da tarde o céu estava claro e limpo, e a lua parecia bela: de onde surgiu esse temporal repentino?" E apenas levantou as mãos para implorar a Deus, um dos monges gritou: "Por que importunar Deus com preces, conduza o barco." Dizendo essas palavras, arrancou-lhe o remo das mãos e começou a bater no pobre pescador. Este ficou caído no bote, semimorto, o dia começou a raiar, e os homens de preto sumiram. O céu estava claro como antes, o barqueiro recobrou o ânimo, remou de volta e chegou com custo à sua casa. No dia seguinte, os mesmos monges foram vistos, por um mensageiro que saia cedo de Speier, numa carruagem coberta de preto que soltava rangidos, mas tinha apenas três rodas e era conduzida por um cocheiro narigudo. Perplexo, o mensageiro permaneceu parado, deixou a carruagem passar e logo a viu desaparecer, entre estalos e chamas, nos ares, ouvindo-se então um tinir de espadas, como se um exército cerrasse fileiras. O mensageiro se virou, voltou para a cidade e contou tudo; dessa história se chegou à conclusão de que havia discórdia entre os príncipes alemães.

(Irmãos Grimm, *Deutsche Sagen*, n. 276)

TORER BRACK

Que a lembrança e a veneração de Tor se mantiveram por muito tempo na Noruega e em Bohuslän[37], fica claro por muitas tradições. De alguns marinheiros de Bohuslän, há cerca de cem anos, se relata que, em viagem num navio holandês que partira de Amsterdã para caçar baleias perto da Groenlândia, saindo da rota por eles conhecida observaram, por várias noites, a luz de uma fogueira que vinha de uma ilha ou praia, ao que alguns dos marinheiros, e entre eles um dos bohuslandeses, foram tomados de desejo de visitar o lugar e ver que tipo de povo o habitava. Pegaram, pois, o bote do navio e remaram até lá. Tendo desembarcado e se aproximado da fogueira, encontraram um homem velho se aquecendo sentado perto dela, que imediatamente lhes perguntou de onde vinham: "Da Holanda", respondeu o bohuslandês, "Mas de que lugar é você mesmo?", inquiriu o velho. "De Säffle, no Hisingen", respondeu o marinheiro. "Você conhece Torsby?[38]" — "Sim, e bem." —"Sabe onde fica o Ulfverberg?" — "Sim. Passei com frequência por lá, porque há um caminho direto de Gotemburgo para Marstrand atravessando o Hisingen por Torsby."— Será que os grandes rochedos e montes ainda estão nos seus lugares?" — "Sim, todos, menos uma grande rocha

---

[37] Costa oeste da Suécia. (NT)
[38] Conforme indicação de Sônia Rodrigues, o nome da cidade sueca significa literalmente "aldeia de Thor". (NT)

que está ameaçando cair." — "Diga-me ainda", falou o velho pagão, "você sabe onde fica o altar de Glosshed, e se ainda está a são e salvo?" Como o marinheiro respondeu que não, o velho disse: "Peça ao povo de Torsby e Tores-bracka para não destruir as rochas e montes sob o Ulfveberg e, sobretudo, para manter o altar de Glosshed a salvo e inteiro, para que você tenha um bom vento que o conduza ao lugar de seu destino. Tudo isso o marinheiro prometeu fazer quando retornasse a sua casa. Perguntando ao velho como era seu nome, e porque queria saber tão ansiosamente sobre aquelas coisas, ele respondeu ao marinheiro: "Meu nome é Torer Brack, e habito aqui; mas agora sou um fugitivo. Toda a minha estirpe está enterrada no grande monte junto ao Ulfveberg, e num altar de Glosshed realizávamos nossos cultos aos deuses.

(Afzelios, A.A. *Sagas populares suecas*, 1844. Versão de Benjamin Thorpe, *Northern Myhtologie*, 1851.[39])

---

[39] Cf. também Jacob Grimm, *Deutsche Mythologie*, v. 3, cap. 32. Segundo Ariane Neuhaus-Koch, Torer Brack é o próprio Tor. (NT)

SILVANO[40]

Théophile Gautier

Num artigo encantador, Henri Heine descreveu as ocupações e os disfarces dos deuses no exílio; mostrou-nos como, após o advento triunfal do cristianismo, os olímpicos foram forçados a abandonar suas celestes moradas, como no tempo da guerra dos Titãs, e se dedicar a diversas profissões, em harmonia com o prosaísmo da era moderna: sem as informações seguras que ele colheu da boca do baleeiro Nichol Anderson, ignoraríamos que Zeus, o deus de cenho negro e cabeleira ambrosíaca, tornou-se um simples mercador de peles de coelho, como o amigo do par de França de Henri Monnier[41], e vive desse humilde comércio numa ilhota do oceano polar, entre a velha águia, meio depenada, e a cabra Amalteia, de tetas eternamente rosadas, respondendo em dáctilos e espondeus homéricos às perguntas dos raros clientes; tampouco saberíamos que Âmpelos, livrando-se à noite do hábito de monge que o

---

[40] Extraído de *Fontainebleau, paysages, légendes, souvenirs, fantaisies* (Mélanges). Textos de Charles Asselineau, Philibert Audebrand, Théodore de Banville, Charles Baudelaire, Champfleury, Théophile Gautier, Victor Hugo, Arsène Houssaye, Jules Janin, Alphonse de Lamartine, Alfred de Musset, Henri. Murger, Gérard de Nerval, George Sand *et allii*. Paris: Hachette, 1855.

[41] Trata-se de uma referência a um trecho de uma peça de Henri Monnier, *A família improvisada* (1831), trecho célebre pelo quiproquó envolvendo pares de França e vendedores de pele de coelho. (Nota dos organizadores)

cobre durante o dia, celebra com toda a pompa antiga os mistérios dos bacanais em meio às florestas da Turíngia, na companhia do irmão despenseiro, transformado em Sileno, e dos jovens noviços, que recobram o pé de bode do Egipã ou a pele de tigre da Mimalônide. Foi da mesma fonte que soubemos do destino de Hermes Psicopompo, atualmente no ramo do transporte de almas sob as vestes surradas de um comerciante holandês, bem como do destino da sábia Palas Atena, rebaixada a remendar meias, e da desavergonhada Afrodite, cortesã velhota que agora faz faxina e aplica sanguessugas. Mas o poeta alemão, de resto tão bem informado, não disse nada do deus Silvano; podemos agora preencher essa lacuna. Silvano, que todos julgavam morto há dois mil anos, vive ainda, e nós o encontramos: chama-se Denecourt. Os homens imaginam que foi soldado de Napoleão, e as aparências testemunham a seu favor; mas, como sabe o leitor, não há nada mais enganoso que as aparências. Caso se pergunte aos habitantes de Fontainebleau, eles responderão que Denecourt é um burguês meio esquisito, que gosta de passear pela floresta. E, de fato, ele não parece outra coisa; mas examinemos mais de perto e veremos desenhar-se, sob o rosto vulgar do homem, a fisionomia do deus silvestre: o paletó tem cor de madeira, as calças são cor de avelã; as mãos, bronzeadas ao ar livre, exibem músculos semelhantes aos veios de um carvalho; os cabelos emaranhados parecem moitas; a tez tem nuanças de verde, e as faces são irrigadas por fibrilas rubras, como as folhas no outono que se aproxima; os pés se cravam no solo como raízes, e os dedos parecem se dividir em galhos; o chapéu se recorta em coroa de folhas, e o lado vegetal logo se mostra ao olho atento.

 É sob a proteção desse deus ocioso que prospera a bela floresta de Fontainebleau, tão amada pelos pintores; é por obra sua que os carvalhos ganham as dimensões enormes e as atitudes singulares que detêm Rousseau, Diaz e Decamps no

Bas Bréau por meses a fio; é ele que faz surgir os rochedos singulares no meio dos bancos de areia; que filtra a água diamantina sob o veludo dos musgos; que abre caminho até os matagais secretos, os arvoredos misteriosos, as vistas inesperadas; que esmaga sob o calcanhar a víbora de cabeça chata e afasta os ramos para deixar passar o corço em fuga. Muitas vezes o artista, de apetrechos às costas, arrisca-se ao sabor do acaso pela floresta fechada e profunda. As massas de verde encobrem o horizonte, os rochedos se perfilam como muralhas, o caminho vai dar numa fortaleza impenetrável que os animais selvagens mal conseguem penetrar. Mas de repente uma mão invisível afasta a folhagem e, entre dois troncos luzidios e cobertos de veludo verde, uma vereda estreita se desenha, como que pisada pelo pé furtivo de fadas ou de ninfas silvestres; os espinhos se recolhem, as silvas deslindam seus filamentos, os galhos se erguem como nas florestas encantadas, quando se pronuncia a palavra mágica; o caminho é fácil, ainda que quase invisível. Nas encruzilhadas duvidosas, veem-se flechas que parecem caídas do carcás de Diana sobre a pedra branca, a ponta voltada para o destino visado: um arenito de curiosa deformidade, uma gruta de acidentes pitorescos, uma árvore secular ou histórica, um mirante de vasta perspectiva. Enquanto se caminha, ouve-se um farfalhar entre as folhas, talvez um pássaro assustado que levanta voo, um coelho que volta à toca; mas não: é Silvano que vigia com atenção bondosa e ri baixinho quando vê desenhar-se no rosto do caminhante a admiração por sua querida floresta"?; entreguemo-nos sem medo, ele sempre nos levará de volta para o albergue onde o frango doura ao fogo, onde a espuma rósea do vinho borbulha à boca do jarro, e para tanto não é preciso oferecer-lhe sacrifícios como nos tempos em que sua efígie, coroada de folhas e pinhas, desenhava-se em mármore branco contra o fundo escuro dos bosques da Grécia e da Itália. Tamanhas exigências não conviriam a um deus deposto. Por vezes, à noite, ele encontra Irmensul, o deus gaulês que há séculos voltou ao coração dos carvalhos, em cuja madeira se talhava a golpes de foice sua efígie grosseira, e então conversam longamente sobre a dureza dos tempos, sobre as devastações do machado nos bosques sagrados, sobre a impiedade zombeteira e a negra ingratidão dos mortais. "Ai, ai", dizem eles, "a verde cabeleira da mãe Cibele vai caindo, cacho a cacho, e logo se verá o crânio calvo da terra. Tratemos de salvar ao menos a floresta de Fontainebleau!"

A mulher legítima de Denecourt, que não sabe que é esposa de Silvano (confundido em alguns compêndios de mitologia com o grande Pã, que, há quase vinte séculos um rumor lamentável declarou morto, não soube entender o amor do marido à floresta, e o ciúme acabou por se alarmar com ausências tão longas; imaginou encontros vulgares, volúpias proibidas sob o toldo verde da folhagem. O deus Silvano foi seguido e espionado, e a esposa acalmou-se ao não ver nenhum chapéu de palha florido acompanhá-lo em seus passeios solitários, nenhuma saia adúltera estendida a seu lado sobre os prados, durante as paradas meditativas. Volta e meia, Silvano abraçava o tronco rugoso de um carvalho; mas quem teria ciúme de uma árvore? Mal sabia a boa senhora que sob a cortiça rude palpita, quando o deus se aproxima, o busto macio de uma jovem e bela Hamadríade, que não teria como se recusar ao senhor da floresta e para ele despe a grossa túnica de lenho, franjada de musgo dourado. E então se cumpria o misterioso hímen; o sol brilhava mais forte, a vegetação redobrava a agitação e o frescor, os brotos repletos de seiva rebentavam sobre os galhos mortos, a relva crescia, rija e farta, a fonte tagarelava sob o manto verde do agrião, os pássaros improvisavam soberbas canções e a antiga floresta, verdejante e rejuvenescida, estremecia de satisfação até seus recantos mais íntimos.

Tradução de Samuel Titan Jr.

CORRESPONDÊNCIA DE FRADIQUE MENDES
(trecho)

Eça de Queiroz

Fradique Mendes já estava jantando, numa mesa onde flamejava, entre as luzes, um ramo enorme de cactos. Ao seu lado pousava de leve, sobre um escabelo mourisco, uma senhora vestida de branco, a quem eu só via a massa esplêndida de cabelos louros, e as costas, perfeitas e graciosas, como as de uma estátua de Praxíteles que usasse um colete de *madame* Marcel; defronte, numa cadeira de braços, alastrava-se um homem gordo e mole, cuja vasta face, de barbas encaracoladas, cheia de força tranquila como a de um Júpiter, eu já decerto encontrara algures, ou viva ou em mármore. E caí logo nessa preocupação. Em que rua, em que museu admirara eu já aquele rosto olímpico, onde apenas a fadiga do olhar, sob as pálpebras pesadas, traía a argila mortal?

Terminei por perguntar ao negro de Seneh que servia o macarrão. O selvagem escancarou um riso de faiscante alvura no ébano do carão redondo, e, através da mesa, grunhiu com respeito: — *Cé-le-diêu...* Justos Céus! *Le dieu!* Intentaria o negro afirmar que aquele homem de barbas encaracoladas *era um deus!* — *o deus* especial e conhecido que habitava o Sheperd! Fora pois num altar, numa tela devota, que eu vira essa face, dilatada em majestade pela absorção perene

do incenso e da prece? De novo interroguei o núbio, quando ele voltou erguendo nas mãos espalmadas uma travessa que fumegava. De novo o núbio me atirou, em sílabas claras, bem feridas, dissipando toda a incerteza — *C'est le dieu!*
Era um deus! Sorri a esta ideia de literatura — um deus de rabona, jantando à mesa do Hotel Sheperd. E, pouco a pouco, da minha imaginação esfalfada foi-se evolando não sei que sonho, esparso e tênue, como o fumo que se eleva de uma braseira meio apagada. Era sobre o Olimpo, e os velhos deuses, e aquele amigo de Fradique que se parecia com Júpiter. Os deuses (cismava eu, colhendo garfadas lentas da salada de tomates) não tinham morrido; e desde a chegada de S. Paulo à Grécia, viviam refugiados num vale da Lacônia, outra vez entregues, nos ócios que lhes impusera o Deus novo, às suas ocupações primordiais de lavradores e pastores. Somente, já pelo hábito que os deuses nunca perderam de imitar os homens, já para escapar aos ultrajes duma Cristandade pudibunda, os olímpicos abafavam, sob as saias e jaquetões, o esplendor das nudezas que a Antiguidade adorara; e como tomavam outros costumes humanos, ora por necessidade (cada dia se tornava mais difícil ser deus), ora por curiosidade (cada dia se tornava mais divertido ser homem), os deuses iam lentamente consumando a sua humanização. Já por vezes deixavam a doçura do seu vale bucólico; e com baús, com sacos de tapete, viajavam por distração ou negócios, folheando os *Guias Bedecker.* Uns iam estudar nas cidades, entre a civilização, as maravilhas da imprensa, do parlamentarismo e do gás; outros, aconselhados pelo erudito Hermes, cortavam a monotonia dos longos estios da Ática, bebendo as águas em Vichy ou Carlsbad; outros ainda, na saudade imperecível das onipotências passadas, peregrinavam até às ruínas dos templos, onde outrora lhes era ofertado o mel e o sangue das reses. Assim se tornava verossímil que aquele homem, cuja face cheia de majestade e força serena reproduzia as feições com que Júpiter se revelou à Escola de

Atenas — fosse na realidade Júpiter, o Tonante, o Fecundador, pai inesgotável dos deuses, criador da Regra e da Ordem. Mas que motivo o traria ali, vestido de flanela azul, pelo Cairo, pelo Hotel Sheperd, comendo um macarrão que profanadoramente se prendia às barbas divinas, por onde a ambrosia escorrera? Certamente o doce motivo que através da Antiguidade, em Céu e Terra, sempre inspirara os atos de Júpiter — do frascário e femeeiro Júpiter. O que o podia arrastar ao Cairo senão *alguma saia*, esse desejo esplendidamente insaciável de deusas e de mulheres — que outrora tornava pensativas as donzelas da Helênia ao decorarem, na Cartilha Pagã, as datas em que ele batera as asas de cisne entre os joelhos de Leda, sacudira as pontas de touro entre os braços de Europa, gotejara em pingos de ouro sobre o seio de Dânae, pulara em línguas de fogo até aos lábios de Egina, e mesmo um dia, enojando Minerva e as damas sérias do Olimpo, atravessara toda a Macedônia com uma escada ao ombro para trepar ao altar eirado da morena Sêmele? Agora, evidentemente, viera ao Cairo passar umas férias sentimentais, longe da Juno mole e conjugal, com aquela viçosa mulher, cujo busto irresistível provinha das artes conjuntas de Praxíteles e de *madame* Marcel. E ela, quem seria ela? A cor das suas tranças, a suave ondulação dos seus ombros, tudo indicava claramente uma dessas deliciosas ninfas das ilhas da Iônia, que outrora os diáconos cristãos expulsavam dos seus frescos regatos, para neles batizar centuriões caquéticos e comidos de dívidas, ou velhas matronas com pelo no queixo, trôpegas do incessante peregrinar aos altares de Afrodite. Nem ele nem ela, porém, podiam esconder a sua origem divina; através do vestido de cassa o corpo da ninfa irradiava uma claridade; e, atendendo bem, ver-se-ia a fronte marmórea de Júpiter arfar em cadência, no calmo esforço de perpetuamente conceber a Regra e a Ordem.

 Mas Fradique? Como se achava ali Fradique, na intimidade dos Imortais, bebendo com eles champanhe Clicquot, ouvindo de perto a harmonia inefável da palavra de Jove? Fradique era um dos derradeiros crentes do Olimpo, devotamente prostrado diante da Forma, e transbordando de alegria pagã. Visitara a Lacônia; falava a língua dos deuses; recebia deles a inspiração. Nada mais consequente do que descobrir Júpiter no Cairo, e prender-se logo ao seu serviço, como cicerone, nas terras bárbaras de Alá. E certamente com ele e com a ninfa da Iônia ia Fradique subir o Nilo, na *Rosa das Águas*, até os derrocados templos onde Júpiter poderia murmurar, pensativo, e indicando ruínas de aras com a ponta do guarda-sol: "Abichei aqui muito incenso!"

Assim, através da salada de tomates, eu desenvolvia e coordenava estas imaginações — decidido a convertê-las num conto para publicar em Lisboa na *Gazeta de Portugal*. Devia chamar-se *A Derradeira Campanha de Júpiter*: e nele obtinha o fundo erudito e fantasista, para incrustar todas as notas de costumes e de paisagens, colhidas na minha viagem do Egito. Somente, para dar ao conto um relevo de modernidade e de realismo picante, levaria a ninfa das águas, durante a jornada do Nilo, a enamorar-se de Fradique e a trair Júpiter! E ei-la aproveitando cada recanto de palmeiral e cada sombra lançada pelos velhos pilonos de Osíris, para se pendurar do pescoço do poeta das "Lapidárias", murmurar-lhe coisas em grego mais doces que os versos de Hesíodo, deixar-lhe nas flanelas o seu aroma de ambrosia, e ser por todo esse vale do Nilo imensamente *cochonne* — enquanto o pai dos deuses, cofiando as barbas encaracoladas, continuaria imperturbavelmente a conceber a Ordem, supremo, augusto, perfeito, ancestral e cornudo!

Entusiasmado, já construía a primeira linha do conto: "Era no Cairo, nos jardins de Chubra, depois do jejum do Ramadão"... — Quando vi Fradique adiantar-se para mim com a sua chávena de café na mão. Júpiter também se erguera, cansadamente. Pareceu-me um deus pesado e mole, com um princípio de obesidade, arrastando a perna tarda, bem próprio para o ultraje que eu lhe preparava na *Gazeta de Portugal*. Ela, porém, tinha a harmonia, o aroma, o andar, a irradiação duma deusa!... Tão realmente divina que resolvi logo substituir-me a Fradique no Conto, ser eu o cicerone, e com os Imortais vogar à vela e à sirga sobre o rio da imortalidade! Junto à minha face, não à de Fradique, balbuciaria ela, desfalecendo de paixão entre os granitos sacerdotais de Medinet-Abu, as coisas mais doces da *Antologia*! Ao menos, em sonho, realizava uma triunfal viagem a Tebas. E faria pensar aos assinantes da *Gazeta de Portugal*: "O que ele por lá gozou!"

Fradique sentara-se, recebendo, de Jove e da ninfa que passavam, um sorriso cuja doçura também me envolveu. Vivamente puxei a cadeira para o poeta das "Lapidárias":

— Quem é este homem? Conheço-lhe a cara...

— Naturalmente, de gravuras.... É Gautier!

Gautier! Teófilo Gautier! O grande Teo! O mestre impecável! Outro ardente enlevo da minha mocidade! Não me enganara, pois, inteiramente. Se não era um Olímpico — era pelo menos o derradeiro Pagão, conservando, nestes tempos de abstrata e cinzenta intelectualidade, a religião verdadeira da Linha e da Cor! E esta intimidade de Fradique com o autor de *Mademoiselle de Maupin*, com o velho paladino de *Hernâni*, tornou-me logo mais precioso este compatriota que dava à nossa gasta pátria um lustre tão original! Para saber se ele preferia anis ou genebra, acariciei-lhe a manga com meiguice. Ele foi em mim um êxtase ruidoso, diante da sua agudeza, quando ele me aclarou o grunhir do negro de Seneh. O que eu tomara pelo anúncio duma presença divina, significava apenas — *c'est le deux*! Gautier no hotel ocupava o quarto número dois. E, para o bárbaro, o plástico mestre do Romantismo era apenas — o *dois*.

Contei-lhe então a minha fantasia pagã, o Conto que ia trabalhar, os perfeitos dias de paixão que lhe destinava na viagem para a Núbia. Pedi mesmo permissão para dedicar-

-lhe a *Derradeira Campanha de Júpiter*. Fradique sorriu, agradeceu. Desejaria bem (confessou ele) que essa fosse a realidade, porque não se poderia encontrar mulher de mais genuína beleza e de mais aguda sedução do que essa ninfa das águas, que se chamava Jeanne Morlaix, e era comparsa dos *Delassements-Comiques*. Mas, para seu mal a radiosa criatura estava caninamente enamorada de um Sicard, corretor de fundos, que a trouxera ao Cairo e que fora nessa tarde, com banqueiros gregos, jantar aos jardins de Chumbra...

— Em todo caso — acrescentou o originalíssimo homem — nunca esquecerei, meu caro patrício, a sua encantadora intenção!

DOIS ESTUDOS

DIONISO EM PARIS

Marta Kawano

> [...] *s'il lui répugnait de croire que Dieu s'était fait homme, il admettait sans difficulté que l'homme s'était fait Dieu, et il se comportait en conséquence.*
> Théophile Gautier, *"Henri Heine"*.

As estátuas

Em janeiro de 1853, alguns meses antes da publicação de *Les Dieux en Exil*, aparece em *La semaine littéraire* um artigo polêmico intitulado "A escola pagã", no qual Baudelaire denuncia aquilo que condenava como culto excessivo, incondicional e doentio da "forma" e do "plástico" em detrimento de quaisquer outros parâmetros, pragmáticos ou morais, para a arte.

Segundo Baudelaire, nada exemplifica melhor essa moléstia que o amor *incondicional* pelas estátuas, tidas como símbolos da beleza e magnificência da arte da Antiguidade. O alvo principal do artigo de Baudelaire é Théodore de Banville, poeta parnasiano que, em 1865, viria a publicar um volume intitulado *Les exilés*, que se abre com o poema *L'exil des dieux*, numa referência direta ao texto de Heine, não apenas pelo título, mas também pelos motivos. Recuando um pouco no tempo, encontraremos um exemplo contundente do culto das estátuas (e de tudo o que simbolizam) em *Mademoiselle de Maupin* (1835), de Théophile Gautier, não por acaso um romance cujo prefácio é um célebre manifesto da *arte pela arte*. Nesta obra, leem-se as seguintes considerações a respeito das estátuas: "Uma mulher tem sobre uma estátua a incontestável vantagem de se virar sozinha para o lado que quisermos, mas nós mesmos temos de dar a volta à estátua [...] o que é cansativo". Gautier sugere ainda que "há algo de grande e de belo no amor a uma estátua, o fato de ser ele perfeitamente desinteressado".

À parte a verve característica de Gautier, temos aqui expresso de modo muito claro o sentido da *arte pela arte* ou, pelo menos, de uma das justificativas que seus partidários davam para a divisa: separar o belo do útil. Ao afirmar para a arte um domínio inteiramente autônomo, essa separação representa um distanciamento do ponto de vista do grande adversário dos *artistes*, ou seja, dos burgueses, para os quais beleza e utilidade andariam juntas.

Muito resumidamente, é essa a posição criticada em "A escola pagã" e, no intuito de questioná-la, Baudelaire volta suas armas para o símbolo maior do paganismo estetizante — as estátuas — perguntando-se, entre outras coisas, se "todas essas estátuas de mármore serão esposas dedicadas nos dias de agonia [...] e impotência".

Baudelaire ataca a valorização exclusiva da arte, que julga demasiado difundida em território parisiense, e da qual aponta um principal culpado, um *coupable célèbre*: Heine e toda a "sua literatura podre de sentimentalismo materialista". O ímpeto polêmico do poeta (que nisso não fica atrás do próprio Heine) é conhecido, mas devemos lembrar que, noutras ocasiões, ele foi um defensor ferrenho do escritor alemão. Vale ainda atentar para um detalhe: em "A escola pagã", Baudelaire atribui o "excesso de paganismo" a algo próprio de quem "leu demais — e mal — Henri Heine". Como quer que seja, o fato é que a dada altura do século XIX francês já não era possível combater o culto da arte e da beleza clássicas sem citar o nome de Heine. Sua figura se tornou uma espécie de símbolo de desdobramentos artísticos, literários e políticos que nem sempre se enraízam inteiramente em sua obra.

Mas se os defensores da *arte pela arte* se valiam do amor desinteressado pelas estátuas para se contrapor aos burgueses pragmáticos, em Heine aparece também o temor de que o comunismo viesse a provocar uma febre iconoclasta, e de que o povo destruísse as estátuas. Noutras palavras, o temor de que, na "nova sociedade", os prazeres, o belo etc. fossem banidos em favor de uma existência frugal, ainda que igual para todos.

O lugar que caberia à arte (e aos artistas) na tumultuada sociedade francesa do período era um dos temas candentes do debate político e artístico. Um dos capítulos curiosos desse debate está num texto de Baudelaire citado por Dolf Oehler num ensaio sobre Heine.[42] Nesse texto, de 1846, Baudelaire, parece se situar no extremo oposto da crítica ao paganismo contida em "A escola pagã". Curiosamente, vemos aqui o poeta se exprimir em termos muito próximos aos de Heine: não são poucas as passagens do escritor alemão que revelam o temor de que a chegada dos proletários ao poder tenha como preço a destruição de tudo o que é belo e fonte de prazer. Mas logo após se referir ao trecho de Baudelaire, Dolf Oehler afirma não faltarem indícios de que o poeta francês estaria falando aí de maneira dissimulada, ou seja, com a voz do burguês, até então visto pelos *artistes*, como o grande inimigo das artes (e dos artistas), mas que, de repente, para se contrapor ao povo, se mostra como defensor da beleza. A voz dissimulada de Baudelaire serviria aqui para denunciar esta outra dissimulação.

É possível que Heine também estivesse fingindo ao escrever o seguinte trecho: "Ai! Prevejo tudo isso, e uma tristeza indizível se apodera de mim quando penso no naufrágio com que o comunismo ameaça meus poemas e toda a ordem do

[42] "A precisão de Heine", p. 175. *Terrenos vulcânicos*, São Paulo: Cosac & Naify, 2004.

mundo antigo"; ou, ainda, este outro: "De fato, é com horror que penso na época em que aqueles iconoclastas sombrios chegarão ao poder: com seus punhos rudes, espatifarão então todos os mármores do meu querido mundo das artes [...]"[43]; e que estivesse buscando desmascarar a hipocrisia dos burgueses, que se colocariam no lugar de defensores da arte e da beleza, lugar que até então cabia aos *artistes*, seus inimigos declarados.

Mas lê-las como mera dissimulação — certamente elas *também* o são, mas não *apenas* — poderia fazer com que desconsiderássemos a sinceridade do amor de Heine pela beleza clássica, e sua fidelidade ao paganismo.

Os deuses no exílio, texto do final da vida de Heine, exprime um anseio presente ao longo de toda a sua obra, o de "defender a essência do helenismo, sua maneira de pensar e sentir, toda a vida da sociedade helênica e de se opor, com força, à propagação das ideias e sentimentos importados da Judeia", tomando um partido claro naquilo que ele identifica como o conflito entre *helenos* e *nazarenos*. Os primeiros estão do lado da beleza, da alegria, dos prazeres e da serenidade; os segundos, pálidos e melancólicos, são os cultores do ressentimento, do medo, ascéticos e insensíveis a toda beleza. Os primeiros são seguidores do paganismo, os segundos, do cristianismo. Os primeiros, defendidos com ardor, os segundos, atacados com impiedade.

A oposição entre *helenos* e *nazarenos* estaria presente também na sua maneira peculiar de ver o comunismo, que, longe de seguir a cartilha dos "revolucionários ascéticos e nazarenos", se exprimiria nos seguintes termos: "Não lutamos pelos direitos humanos do povo, mas pelos direitos divinos do homem". Se o próprio Heine se apresenta como um "revolucionário *heleno*", isso é sinal de sua fidelidade incondicional ao paganismo. Mas é algo que pode ser

---

[43] Apud Dolf Oehler, op. cit., pp. 161-2.

constatado por um simples olhar para o conjunto de sua obra.

Já foi apontada a recorrência, na prosa e na poesia de Heine, do motivo da paixão por estátuas de pedra[44], que tanta água levou para o moinho dos partidários da *arte pela arte*. Na prosa, ele aparece, por exemplo, na *Viagem pelo Harz* e nas *Noites Florentinas*. O leitor também notará sua presença num dos episódios da versão francesa de *Os deuses no exílio*. Exemplos de visões da serenidade pagã e da luta pela sobrevivência dos deuses pagãos em tempos de cristianismo se encontram em *A cidade de Lucca* (cap. 6), *A Deusa Diana* e nos *Quadros de Viagem*; e, na poesia, em "Os deuses da Grécia" (*Livro das canções*) e em "O deus Apolo" (*Romanzero*). Há também o argumento de um balé, *A Deusa Diana* (1846), provavelmente encomendado a Heine em virtude do sucesso do balé *Giselle* (1841), cujo tema teria sido extraído por Théophile Gautier de um dos episódios de *Os espíritos elementares*, outro texto mitológico de Heine, que trata das transformações sofridas pelas antigas divindades germânicas.

Certamente essa fidelidade ao ideal pagão de beleza fez com que Heine se tornasse, na França, o representante natural da escola pagã atacada por Baudelaire.

Mais especificamente do que o próprio paganismo, boa parte da obra de Heine tematiza o conflito, apontado acima, entre *helenos* e *nazarenos* e, uma consequência desse conflito, o exílio a que os deuses pagãos foram forçados com a vitória definitiva do cristianismo, assim como as metamorfoses involuntárias e "voluntárias" que sofreram por conta disso. Mas veremos que o próprio tema do exílio dos deuses — a que Heine se refere, numa carta a Gustav Kolb de março de 1853, como um *altes Lieblingsthema* (um "antigo tema de minha predileção") — passou por diversas metamorfoses ao longo de sua obra.

---

[44] Marcus Mazzari em "As noites românticas de Heine": In: "Jornal de resenhas", *Folha de S.Paulo*, 13 de fevereiro de 1999, p. 6.

Os templos

A narrativa heiniana sobre o exílio dos deuses parte da ideia de que os deuses são seres imortais e de que o advento do cristianismo não seria capaz de alterar inteiramente esse fato. Aliás, segundo Heine, os próprios cristãos estariam cientes disso: se nada podem fazer contra a perenidade dos deuses (nem contra a crença nesses deuses na tradição popular), procuraram atribuir-lhes um sentido negativo e roubar-lhes os templos, condenando-os a uma existência clandestina.

Isso pode ser notado em suas considerações a respeito dos locais de culto dos deuses pagãos, quando trata, em *Os espíritos elementares*, do esforço do cristianismo para ocupar o lugar da antiga religião germânica. Essas e muitas outras ideias mitológicas de Heine foram retomadas por seu grande amigo Gérard de Nerval em diversas ocasiões, a mais notável das quais se encontra decerto nos sonetos de *Les Chimères*. Um trecho de *Les Illuminés* ("Cagliostro") sintetiza muito bem a visão heiniana da operação levada a cabo pelo cristianismo. Ali Nerval afirma que, para que se consumasse a vitória do cristianismo em toda a Europa, "era preciso que a Igreja levasse sua vitória a todas as localidades impregnadas pelas antigas superstições (...). O respeito do povo por certos lugares consagrados, pelas ruínas dos templos e pelos destroços das estátuas, obrigou os padres cristãos a construir a maior parte das igrejas no mesmo local dos antigos edifícios pagãos. Onde essa precaução foi ignorada, especialmente nos lugares ermos, o culto pagão continuou".

Tendo em vista a persistência das divindades pagãs e da crença nelas, era necessário, literalmente, ocupar seu lugar e, se isso não fosse suficiente, realizar ainda uma outra operação, ou seja, transformar em demônios ós deuses da antiga religião da alegria, e seus santuários, em lugares malvistos.

O resultado dessa perseguição é o tema do balé *A Deusa Diana,* escrito por Heine em 1846, em que vemos os deuses escondidos em grutas e ruínas de templos. Também no poema intitulado "Os deuses da Grécia", eles se transformam em sombras que vivem em meio às nuvens, sendo levados pelo vento. Mas é apenas em *Os deuses no exílio* que as divindades pagãs aparecem de fato metamorfoseadas em humanos. Talvez já não se trate aqui exatamente de um exílio (como em locais ermos e distantes), mas de uma *clandestinidade.* Neste texto do final da vida, Heine fala da *humanização* dos deuses, tentativa de sobrevivência, num mundo cristão, desses seres outrora tão poderosos: eles tiveram de assumir figuras humanas e ofícios burgueses (que cabe ao leitor descobrir quais sejam), e vale a pena apontar brevemente os modos como essa ideia foi lida e aproveitada na França, à época da publicação do texto e posteriormente.

A par dos desdobramentos que teve no parnasianismo, o texto de Heine forneceu material para um grande número de sátiras e escritos paródicos, parte deles publicada em *Le Charivari,* como um artigo de Taxile Delord, de 1854, no qual as seguintes palavras são colocadas na boca de Clio, musa da História: "Se vocês leram *Os deuses no exílio* do sr. Heine, um poeta francês que tem a estranha mania de se fazer passar por alemão, sabem que exerci várias profissões desde que o Olimpo foi destituído em massa.". Ou, ainda, num outro artigo: "neste momento, o sr. Heine está fazendo investigações a respeito do destino das deusas".

As tiradas e jogos detetivescos a que o texto de Heine deu ensejo de modo algum traem o *esprit* do autor, e bem podem ter se inspirado, por exemplo, num episódio da versão francesa, que narra um diálogo entre Balzac e o narrador a respeito do destino da Vênus. Ao que tudo indica, esta teve de se esconder no figurino (e na função) de uma cortesã parisiense.

Mas um outro tipo de leitura também encontra subsídios no texto de Heine. Nela, o tema do destino infeliz dos deuses condenados à pobre condição humana é pintado com tintas melancólicas. Essa visão tem no soneto *Delphica,* de Nerval, um exemplo muito claro: "Ils reviendront ces dieux que tu pleures toujours"; mas também na *Histoire du Romantisme* de Théophile Gautier (1872), para quem não é possível "ler sem um profundo enternecimento *Os Deuses no exílio* de Heine". O fato é que, ao lado da zombaria, o tema comporta um inegável tom de lamento.

Essa mistura de zombaria e melancolia se faz presente ao longo de *Les dieux en exil*. Aproximando-se do final, o leitor tem, contudo, a impressão de que as cores elegíacas predominam. Ainda que muito bem temperada pelo riso, a ênfase no aspecto triste do exílio dos deuses não deixa de intrigar. Para Heine, o paganismo sempre foi sinônimo de alegria, beleza, liberdade, ou seja, de tudo aquilo que se opõe ao modo de sentir e pensar do *nazareno*. Por que razão o autor tenta inspirar no leitor sentimentos de tristeza e de melancolia em relação aos deuses gregos, eles que parecem tão avessos a qualquer forma de comiseração? Talvez a última das humilhações, o golpe de misericórdia nas poderosas divindades pagãs seja justamente o fato de terem perdido toda a magnificência, e de agora se adaptarem tão bem ao papel de vítimas: "Pobres deuses antigos", "pobres imigrantes"... Sem pretender dar uma resposta unívoca a essa questão, cabe apenas apontar alguns elementos que ajudem o leitor a vislumbrar o sentido e o lugar desse texto em sua obra.

Podemos começar pela nota do autor ao texto francês publicado na *Revue des Deux Mondes*: "[...] Gostaria muito de prometer para breve uma continuação deste trabalho, cujos dados foram se acumulando em minha memória; mas o precário estado de saúde em que me encontro não me permite assumir um compromisso para o amanhã". Essas palavras nos mostram a importância que ele dava a questão, de que muito teria se ocupado e de que pretendia se ocupar no futuro. Ocorre que, em 1853, estando Heine irremediavelmente vitimado pela paralisia que o deixara entrevado desde 1848, o futuro parece mais incerto do que nunca. O escritor se encontra num momento da vida em que, segundo alguns, o espírito combativo que sempre o caracterizou vai cedendo espaço para uma visão menos esperançosa das coisas. Isso certamente se reflete em *Les dieux en exil*, que tem também um forte alcance autobiográfico.

Embora o texto tenha um teor rapsódico, há um espelhamento entre o fim e o início, o que confere certa unidade ao todo. O início consiste numa historieta a respeito do bacharel Henri Kitzler que, "impedido pela simpatia e comoção diante do destino que coube aos deuses exilados", não conseguiu escrever a sua *Magnificência do cristianismo*, obra na qual vinha trabalhando duramente havia anos. Comoção semelhante aparece ao final do texto, mas agora ela toma conta do próprio autor diante do infortúnio dos deuses: uma "dolorosa comiseração" talvez "o tenha impedido de atingir aquela séria seriedade que cabe tão bem ao historiador". Em ambos os momentos se fala da dificuldade de tratar o destino dos deuses com distanciamento. Isso sugere que a questão calava fundo no autor.

O episódio final, ao qual se reportam mais diretamente as últimas palavras do texto, narra a triste história de ninguém menos que Júpiter, cujo destino, sendo ele o deus dos deuses, é emblemático da derrota de todo o paganismo. E esse destino é terrível: a imagem final de Júpiter é a de um velho magro, fraco, isolado na Ilha dos Coelhos e que chora como uma criança ao saber, de um marinheiro grego que aportara na ilha, o que fora feito de sua Grécia. O tempo passou para o outrora eterno Júpiter, o filho de Cronos, e não há nada que expresse isso de forma mais clara do que o modo como se abateu ao ouvir a descrição das ruínas de seu templo: "o ancião soltou um profundo suspiro, que deixava entrever a mais pungente dor; ele se curvou, caiu novamente sobre o banco de pedra e chorou".

Assim como para Júpiter, o tempo passou para Heine. Ele também está velho e doente, e também vive na França não apenas um exílio concreto, mas ainda o exílio da palavra, decerto o mais cruel para um escritor. A figura de Júpiter espelha a condição do próprio autor.

Falar, contudo, do desterro de um poeta no século XIX leva inevitavelmente a pensar no *tópos* romântico do exílio do poeta, ou, em geral, do artista. O destino de Júpiter em *Os deuses no exílio* pode ser lido como o destino do poeta ou da própria poesia. O que, de fato, ocorreu na época.

QUAL DE NÓS VAI SE TORNAR UM DEUS?

"Qui de nous, qui de nous va devenir un dieu?" Essa pergunta de um verso de *Rolla*, poema de Alfred de Musset, sintetiza a aspiração de muitos artistas do período à condição divina. Se não à própria divindade, ao menos à de um escritor que se tornasse uma espécie de representante divino da classe dos poetas. Uma anedota famosa contada pelo próprio Heine em *A escola romântica* fala de sua timidez ao se encontrar com Goethe, que seria, para ele, Júpiter em pessoa. Gautier e seus companheiros da boêmia romântica também nutriam uma admiração sem limites por Victor Hugo, o *Jupiter romantique*.

Ocorre que as pretensões dos poetas à grandeza e à divindade rapidamente se chocam com a realidade, de modo que uma imagem recorrente do artista é dada como uma oscilação entre elevação e queda, celebrizada no "Albatroz", mas também em "O cisne" e em "O velho saltimbanco", de Baudelaire.

Se o destino de Júpiter reflete traços biográficos do próprio Heine, o tema da "grandeza decaída" do poeta vincula o exílio concreto do escritor alemão ao *tópos* mais geral do exílio do artista entre os homens de seu tempo. Aqui cabe lembrar também o poema "O deus Apolo" (*Romazero*): antecipando a humanização dos deuses que se consumará em *Os deuses no exílio*, este poema mostra o deus da lira numa feira, em trajes de saltimbanco.

Ora, a imagem de Júpiter ao final de *Os deuses no exílio* certamente faz eco ao tema da grandeza decaída, tão presente na literatura da época, mas parece sugerir ainda a vacuidade das pretensões dos poetas à divindade, já que os próprios deuses se veem rebaixados à condição de mortais. À questão sobre "qual de nós vai se tornar um deus"? Heine parece responder: "Nenhum de nós".

Ninguém, nem mesmo ele próprio, que um dia se tomou por um deus: "estava tão orgulhoso da minha divindade que, ao passar pela *porte Saint-Martin* ou *Saint-Denis*, abaixava a cabeça involuntariamente, temendo chocar-me com o arco. Era uma bela época, que já passou há muito tempo e na qual só posso pensar com tristeza, se a comparo ao meu estado atual, em que me encontro miseravelmente acamado."

Ao lermos essa palavras, contidas numa carta enviada a Saint-René Taillandier em 1851, não há como não pensarmos no alcance autobiográfico de *Os deuses no exílio*. Mas na nostalgia de uma "bela época" talvez esteja expressa ainda a tristeza por ter perdido as esperanças na força transformadora das divindades pagãs. Agora, passado o tempo, o paganismo se mostra tão decrépito quanto o próprio Heine, e o mundo, mais pobre de deuses do que nunca.

Em suma, o tom de lamento presente no final de *Os deuses no exílio* talvez se refira tanto aos "pobres deuses" quanto aos "pobres poetas", mas também, destruídas as esperanças, à "pobre época" em que vive, definitivamente condenada a viver sem a grandeza dos deuses antigos.

Tudo isso pode ser pensado se tomarmos de forma isolada o episódio final, que por diversas vezes foi publicado separadamente com o título de "Júpiter na Ilha dos Coelhos". Contudo, se recuarmos um pouco, veremos que o modo como a narrativa sobre o destino de Júpiter vem enquadrada no texto sugere certa ironia da parte do autor.

Ao longo de *Os deuses no exílio*, o narrador aponta as fontes que consultou para reconstituir os passos dos deuses exilados, e o modo como lida com elas é curioso: não as consulta com a curiosidade distanciada do mitógrafo, mas como alguém que está efetivamente interessado no destino das divindades. Ele se vale de textos eruditos, de meras conjecturas, mas sobretudo de relatos da tradição popular, na forma das narrativas orais. O destino de Júpiter lhe é contado por um genuíno representante da tradição oral: um baleeiro norueguês. A menção do nome dessa personagem dá ensejo a uma longa digressão que se inicia com as seguintes palavras: "Quero consagrar-lhe algumas linhas. Ademais, gosto de indicar minhas fontes e mostrar suas qualidades boas e más, a fim de que o leitor tenha condições de julgar por si mesmo até que ponto elas merecem sua confiança."

Em seguida tomamos contato com essa personagem curiosa e divertida, um velho pescador que, pela figura e pelos gestos, bem poderia ter saído das páginas do *Tristram Shandy* de Sterne. Não apenas por isso, mas também pelas idiossincrasias da personagem, como a de fazer preceder, a todas as histórias que conta, uma enumeração de elogios das qualidades da baleia. No texto de Heine, tal elogio assume a forma de algumas das prolongadas digressões sternianas. Ou seja, por intermédio da figura de Niels Andersen, ele posterga de forma cômica o episódio mais importante. Apresentada num registro humorístico, a história de Júpiter pode ser iluminada de outra maneira. A coloração humorística permite ao autor, entre outras coisas, comparar o seu enternecimento com o destino dos deuses à compaixão de que foi tomado ao ouvir de Niels Andersen que as pobres baleias são torturadas, dia após dia, por ratos d'água que nelas se aninham para consumir-lhe a gordura.

Sendo o episódio de Júpiter introduzido por uma historieta cômica, essa comicidade de certo modo se mistura ao seu teor melancólico. O episódio é iluminado pelo que o precede, o que de certo modo o coloca sob suspeita, pois ficamos na dúvida a respeito da "confiança" que a figura de Niels Andersen merece. É nessa dúvida, entre muitas outras coisas, que reside a ironia do autor.

Temos aqui um elemento para pensar a questão que colocamos acima: o que explica a transformação, feita por Heine, dos deuses em vítimas, em nazarenos? Não há como apresentar uma resposta cabal à questão. No entanto, pelo que vimos, sabemos que essa transformação não se opera de forma completa, ou seja, mesmo quando ele nos fala da miséria extrema de Júpiter, é possível perceber um riso irônico que não nos deixa entregar-nos inteiramente à "dolorosa comiseração diante daquele augusto infortúnio".

Com isso se relativiza, por assim dizer, a melancolia do final do texto, o que não significa que ela seja eliminada.

Otto Maria Carpeaux aponta, no *Livro das canções*, o grande número de poemas em que "o conteúdo sentimental e comovido é ridicularizado pela irônica última linha". Essa passagem, na poesia, do sentimental ao irônico, ajuda-nos a pensar o que ocorre na prosa de *Os deuses no exílio*. Curioso o jogo operado por Heine. O episódio final, da Ilha dos Coelhos, ganha matizes irônicos pelo modo como é introduzido. Mas ocorre também o inverso: a história de todos os deuses (mesmo aquelas narradas de forma cômica), ganha também matizes melancólicos à luz do final. Donde podemos concluir, de forma não excludente, que Heine, a exemplo de Sterne, seu mestre, é irônico e sentimental o tempo todo, ou quase.

Um exemplo curioso dessa mescla se encontra bem no meio da digressão sobre as baleias, quando o autor menciona — único momento abertamente autobiográfico de *Os deuses no exílio* — suas pernas paralisadas.

No posfácio ao *Romanzero* (1851), Heine nos fala do dia (em 1848) em que, já bastante doente, saiu de casa pela última vez, para "se despedir dos amados ídolos a quem endereçava preces nos tempos em que era feliz". Foi com muito esforço que o escritor chegou, no Louvre, até sua querida Vênus de Milo, diante da qual chorou tão copiosamente que a deusa olhou para ele "com comiseração, mas ao mesmo tempo desconsolada, como se quisesse dizer: 'Você não vê que não tenho braços e não posso ajudá-lo'".

Nesse jogo de espelhos entre o destino do autor e o de seus "amados ídolos" encontra-se um ótimo exemplo da mistura de dor pungente e ironia afiada com que Heine tratou o seu *altes Lieblingsthema*.

Um artigo de 1849, enviado a Gustave Kolb, nos permite apreciar de outro ângulo todo esse jogo entre comiseração e ironia, e também entre o destino do próprio Heine e o dos deuses: "Não sou mais um deus bípede (...) Não sou mais o grande pagão nº 2, que era comparado ao Dioniso coroado de pâmpanos, enquanto se dava ao meu colega [Goethe] nº 1 o título de Júpiter do ducado de Weimar. Não passo de um pobre judeu mortalmente atingido, imagem descarnada da miséria, um homem infeliz."

Se procurarmos em *Os deuses no exílio* um análogo dessa descrição que Heine faz de si mesmo, não iríamos encontrá--lo na parte que trata de Dioniso — de que o autor, tendo sido toda a vida um apreciador dos prazeres, naturalmente se aproxima — mas no episódio que narra o destino de Júpiter. O fato é que, ainda que "mortalmente atingido", quatro anos depois nosso autor encontrará forças e *esprit* para uma suprema ironia: em *Les dieux en exil*, o destino que Heine reserva a Dioniso (Baco) é, digamos assim, dos mais felizes. O deus Baco vive confortavelmente como prior de um convento franciscano, tendo ainda toda a liberdade para dar suas escapadelas e, acompanhado das bacantes, dos faunos e dos sátiros, ir participar do culto em sua homenagem, no qual pode dançar alegremente "o cancã da antiguidade", a "polca do paganismo" e ouvir de todos: *Evoé Baco!* Por todo o episódio o leitor perceberá que, a despeito do intenso sofrimento, Heine consegue manter aqui a velha e boa forma.

Se insistimos em mostrar a duplicidade de tom presente em *Les dieux en exil* é porque ela se encontra também em sua posteridade, já que o relato do exílio dos deuses forneceu material tanto para poemas que tratam da tristeza por ver o Olimpo deserto, os deuses chorando ou vagando pelo mundo, quanto para escritos nos quais a humanização dos deuses dá ensejo a episódios humorísticos e jogos de adivinhação.

Esse duplo destino dos *deuses no exílio* de Heine estaria de acordo com a personalidade artística do escritor, tal como descrita por Gérard de Nerval: "logo percebi que o poeta sonhava enquanto o homem fazia suas tiradas espirituosas. O que estimulava o ânimo de Heine não era o desejo exclusivo de que suas palavras agradassem aos outros. Era acima de tudo o desejo de se divertir; e isso de duas maneiras: com os sonhos de seu coração e com as tiradas de seu *esprit*".

* * *

Os deuses no exílio, como procuramos apontar, teve uma longa e profícua história na França, onde foi objeto de variadas releituras, e foi certamente pela França que o texto de Heine chegou a Portugal, onde despertou o interesse de Eça de Queiroz. O tema heiniano reaparece em pelo menos dois momentos da obra do escritor português. O primeiro é o das *Prosas Bárbaras*. O outro, particularmente interessante, se encontra na introdução da *Correspondência de Fradique Mendes*, e fala do suposto encontro do narrador, no salão de um hotel no Cairo, com o próprio Júpiter. A exemplo de Heine, que toma Goethe por Júpiter, e, mais tarde, de Théophile Gautier, que vê em Hugo o *Jupiter romantique*, agora é o narrador de Eça que confunde um conviva de um jantar com o deus dos deuses, descobrindo, mais tarde, que não se tratava do *deus*, mas, curiosamente, de Théophile

Gautier, que, vale lembrar, é o autor de "Silvano", uma continuação de *Os deuses no exílio*.[45] Parece que o encontro com um deus-escritor se torna um lugar-comum no período. O fato é que esse falso reconhecimento dá ensejo a parágrafos deliciosos que reavivam em nosso idioma a história do exílio dos deuses, como no seguinte trecho: "Somente, já pelo hábito que os deuses nunca perderam de imitar os homens, já para escapar aos ultrajes duma Cristandade pudibunda, os olímpicos abafavam, sob as saias e os jaquetões, o esplendor das nudezas que a Antiguidade adorara; e como tomavam outros costumes humanos [...] os deuses iam lentamente consumando a sua humanização."[46]

---

[45] Texto que figura nos apêndices deste volume.
[46] O leitor encontrará nos apêndices, graças à indicação de Samuel Titan Jr., a reprodução das páginas da *Correspondência de Fradique Mendes* que tratam do tema.

A ANATOMIA COMPARADA EM LITERATURA

Márcio Suzuki

*Cuvier não é o maior
poeta de nosso século?*
Balzac[47]

A TÉCNICA DO CONTRASTE

Se há muito tempo a obra de Heinrich Heine deixou de ser lida segundo a alternativa "poesia" ou "jornalismo", se as "requintadas artes estilísticas" de sua prosa são hoje fato incontestável, a boa crítica costuma assinalar que falta a ele um pouco de "fôlego épico". Inexistiria nos seus textos, segundo afirma um estudioso, um "mundo épico que se sustente em si mesmo".[48] No entanto, se o inacabamento das formas narrativas em Heine não é uma simples questão de inabilidade ou de pressa (na maioria das vezes o veículo de divulgação é

---

[47] *La Peau de chagrin.* Paris: L'aventurine, 2001, p. 24.
[48] A falta de fôlego épico é uma observação de Marcus Vinicius Mazzari em "Um Pícaro Caricatural" (In: *Folha de S. Paulo*, 17 de junho de 2001, caderno "Mais!", p. 20). A constatação de que lhe falta "um mundo épico" é de Wolfgang Preisendanz. Um dos principais objetivos de seu livro *Heinrich Heine. Werkstrukturen und Epochenbezüge* é mostrar que a iniquidade da alternativa "poesia" ou "jornalismo" para explicar a obra do autor (Munique: Fink, 1973, principalmente capítulos I e II). É Otto Maria Carpeaux quem chama a atenção para as "requintadas artes estilísticas" da prosa heiniana em sua introdução à *Prosa Política e Filosófica de Heinrich Heine*. Tradução de Eurico Remer e Maura R. Sardinha. Rio de Janeiro: Civilização Brasileira, 1967, p. 5.

o jornal), caberia tentar encontrar razões estéticas e políticas para sua predileção pelo relato mais curto, pelas transições abruptas, pelas digressões, pelos comentários humorísticos, pelas elipses sugestivas, que fazem a prosa heiniana ser a deliciosa leitura que é.

Tome-se, por exemplo, o capítulo sétimo das *Memórias do Senhor de Schnabelewopski*, onde o narrador-protagonista relata ao leitor a encenação teatral da lenda do "Holandês Voador" a que afirma ter assistido durante sua passagem pela Holanda. O relato da montagem que teria sido encenada num teatro de Amsterdã é recheado de comentários irônicos e, num lance típico de retardamento romanesco, a tensão dramática da peça é interrompida em seu ápice: no exato instante em que Catarina promete ao capitão do navio condenado a errar indefinidamente pelos mares que lhe será "fiel até a morte", ouve-se um riso vindo do "paraíso", as gerais do teatro. O narrador se volta para lá, e vê que a risada marota tinha partido de uma bela holandesa de cabelos loiros e olhos azuis. A última cena da peça só volta a ser narrada no fim do capítulo, depois que se conta (ou quase isso) a aventura do narrador com esta última, misto de anjo e messalina.

Como se tentará mostrar na sequência, essa sobreposição de histórias é um dos modos característicos do autor de compor as suas obras. O capítulo revela igualmente o seu apreço pelas obras romanescas de Sterne e Diderot: não é só o relato da história do *Navio Fantasma*[49] que sofre um retardamento com a intromissão da bela holandesa, também a crescente curiosidade do leitor para saber o que se passou entre o protagonista e a holandesa é aguçada, mas literalmente cortada por um grande risco que atravessa

---

[49] Como lembra em nota Marcelo Backes à sua tradução do romance (São Paulo, Boitempo, 2001), Richard Wagner se baseou na descrição de Heine para fazer o libreto de sua ópera, e é possível que tenha "discutido o plano da obra com ele em Paris". Tratar-se-ia então de uma adaptação da adaptação, já que Heine provavelmente conheceu a história em Londres, na versão teatral *The Flying Dutchman; Or, The Phantom Ship*, de Edward Fitz-Ball.

sternianamente a página. "Esse risco", comenta o narrador, "representa um sofá negro, e sobre ele se passou a história... que eu não vou contar".[50] Complacente com o leitor, o parágrafo continua, no entanto, com o relato das qualidades sensuais da "figura celestial" de cabelos louros e olhos azuis, seguindo-se então, no que seria o início de outro parágrafo, três pontos que marcam o final da descrição e a retomada da encenação teatral. O que supostamente teria se passado com a jovem holandesa está assim separado graficamente — pelo risco representando o sofá e pelos três pontos — da lenda do holandês errante, e Schanebelewopski já antes prevenira o leitor de que esta última serviria apenas de moldura (*Rahmen*) para a sua aventura.

Esse exemplo mostra que, por mais bruscos que sejam, os cortes nas narrativas heinianas não são arbitrários. Inserida como capítulo no interior da obra, a paixão legendária, mas idealizada, do holandês e sua amada "emoldura" o episódio do relacionamento amoroso concreto e prosaico do narrador e sua amante. O procedimento é menos o de uma "narrativa enquadrada" (*Rähmenerzählung*) do que o da técnica de espelhamento entre as personagens, no qual a noiva trágica se duplica na loura formosíssima, e o navegante neerlandês no viajante Schnabelewopski, ambos, aliás, igualmente identificados como *Myn Heer* em holandês.[51] A história dentro da história é reflexo e contraponto da história do *Navio Fantasma*, numa paródia romanesca do *pathos* dramático desta. A manobra do escritor consiste em usar a técnica do duplo, da identificação ou espelhamento, largamente empregada pelo romantismo, trocando-lhe os sinais. De modo geral, os românticos usam o espelhamento para reforçar a ideia de identidade entre as personagens

---

[50] *Das Memórias do Senhor de Schnabelewopski*, trad. cit., p. 56.
[51] Cabe lembrar que, na décima carta *Sobre o Teatro Francês*, Heine se identifica (ainda aqui não sem distanciamento irônico) com o holandês voador, eterno exilado que vive suspirando em vão "pelos cais plácidos, pelas tulipas, pelas *myfrowen*, pelos cachimbos de barro e taças de porcelana da Holanda...".

"reais" e "ficcionais". O *Don Juan* de Hoffmann (que parece ser a fonte de inspiração do episódio no teatro holandês) é em boa parte construído sobre a identificação entre palco e plateia durante uma representação da ópera de Mozart: a figura que interpreta Donna Anna aparece cantando no palco e conversando com o narrador, no camarote deste. Em Heine, o efeito buscado não é a duplicação, mas também o contraste. A narrativa prosaica se sobrepõe parodicamente à lenda e, com isso, *explicita o sentido desta*. É nos *Deuses no Exílio* que o princípio de funcionamento dessa técnica é desnudado, e o seu propósito estético-político, por assim dizer, "escancarado".[52]

A ideia geral que articula as narrativas mitológicas de *Os Deuses no Exílio* é o que se poderia chamar de *princípio da suspeita*. Trata-se de examinar lendas, histórias e canções populares, notícias, anedotas, livros eruditos, contos, peças de teatro de marionetes etc., em que se possam encontrar rastros da vida das divindades pagãs depois da ascensão do cristianismo. Mesmo os relatos mais insuspeitos do ponto de vista da ortodoxia religiosa contêm indícios que comprovam a sobrevivência de elementos mitológicos antigos nas fábulas dos povos modernos. O que guia o investigador nessa tarefa é a suposição de que os deuses antigos podem não ter desaparecido por completo, mas tiveram de se esconder sob disfarces prosaicos e burgueses desde o triunfo da nova fé.

O rastreamento das pistas deixadas pelos deuses pagãos desde o fim do mundo antigo começa pela investigação das fontes, onde o escritor é obrigado a se haver com os

---

[52] Na versão francesa dos "Deuses no Exílio", Heine brinca com a técnica da duplicação ao recontar a lenda dos amores de Vênus com o cavaleiro alemão: no palácio de Vênus, "os candeeiros lançavam uma luz baça nas paredes, ao longo das quais afrescos coloridos representavam todo tipo de histórias pagãs, como os amores de Páris e Helena, Diana e Endimião, Calipso e Ulisses". Os afrescos antigos "narram" antecipadamente o encontro do herói germânico e da deusa grega. A imagem pictórica que prenuncia ou antecipa o que ocorrerá é uma das estratégias empregadas pelo romantismo para emprestar força e verossimilhança à "duplicação".

documentos existentes. O apego rigoroso àquilo que foi legado pelo passado é um requisito indispensável à investigação. Mas é preciso não esquecer que toda vez que um mito antigo é retomado, ele deve ser necessariamente *narrado de novo*, ou seja, *recriado*.

A atividade mitográfica de Heine comporta, assim, dois procedimentos complementares: a reconstituição do sentido de um documento mitológico passa necessariamente pela desconfiança de que ele pode ter sofrido alguma alteração ou "desnaturação". O complexo mecanismo de reaproveitamento das fábulas tem de ser examinado a fundo, pois ele revelará como ocorrem os desvios no percurso que vai da fonte mitopoética original até suas derivações. As *transformações* por que passa o mito também podem implicar *deformações*.

Outro exemplo de justaposição contrastante, análogo ao do episódio no teatro holandês, é a história medieval do cavaleiro Tannhäuser no "Monte de Vênus", retomada em pelo menos quatro momentos da obra do escritor. Interessa aqui reler a versão que publica nos *Espíritos Elementares* e notar as modificações importantes que introduz, anos mais tarde, na versão francesa dos *Deuses no exílio*. Nos *Espíritos elementares*, após breve introdução sobre como Vênus se apresenta no ideário popular alemão, o narrador transcreve uma canção existente sobre a mesma lenda, tal como fora transmitida nos livros eruditos de Kornmann e Pretorius, e reimpresso na coletânea *Des Knaben Wunderhorn*. É o próprio Heine quem, como gosta de frisar, fornece as fontes de onde tira a canção. Depois de transcrever o texto ("numa cópia talvez incorreta" da antologia de Brentano e Arnim), o autor faz um comentário, de que vale a pena ler um trecho:

> Lembra-me que, quando li pela primeira vez essa canção no mencionado livro de Kornmann, surpreendeu-me antes de tudo o contraste entre sua linguagem e o estilo seiscentista pedantemente

latinizado e desconfortável em que o livro era escrito. Para mim era como se subitamente tivesse encontrado um grande filão de ouro numa mina abafada, e as palavras orgulhosamente simples, fortíssimas, reluziam tão radiantes na minha direção, que meu coração ficou quase alucinado com o brilho inesperado. Logo pressenti que uma voz amiga bem conhecida me falava naquela canção; nela ouvi os cantos daqueles rouxinóis acusados de hereges, que, durante o tempo medieval da Paixão, tiveram de se manter escondidos junto a pardais que não davam um pio, e eles só às vezes, onde menos se esperava, lançavam nos ares alguns trinados de júbilo, por exemplo, atrás da grade de um convento...[53]

A passagem é importante sob vários aspectos. Antes de tudo pelo contraste (*Contrast*) que o autor percebe existir entre a linguagem (*Sprache*) da canção e o estilo (*Schreibart*) pedante do livro de Kornmann. Ele descobre a canção como um garimpeiro descobre um "grande filão de ouro numa mina abafada"; ele ouve o canto de rouxinóis que não se sujeitaram ao silêncio forçado dos "pardais", e lançaram seus trinados de júbilo mesmo atrás da grade de um convento. Com o contraste inesperado, a canção desperta, aguça a imaginação. É bem provável que o relato contenha algumas imprecisões sobre como se deu o primeiro contato do autor com a história de Tannhäuser, mas por isso mesmo é tanto mais revelador de sua atitude diante de um sinal que é para ele fonte de suspeita e descoberta, um estímulo à própria criação.

Que a leitura do poema dê margem à criação, fica claro pela sequência. Sabendo do interesse do autor pela história do cavaleiro, um jovem poeta alemão, o sr. Bechstein, havia lhe enviado um folheto, de impressão bem mais antiga,

---

[53] *Sämtliche Werke. Düsseldorfer Ausgabe*, v. 9, p. 56.

contendo um "Lied von dem Danheüser". Heine afirma que apenas o "arcaísmo" da linguagem o impediu de transcrever essa versão, em lugar da mais recente, mas há pouco também conseguiu "por acaso" uma variante sobre o mesmo tema. Nessa nova elaboração, "mal se manteve a moldura externa das versões antigas, mas os motivos internos estão mudados da maneira mais extraordinária". Na sua feição antiga, o poema é "indiscutivelmente muito mais belo, simples e grandioso" que o encontrado recentemente, que tem em comum com aquele "apenas certa verdade do sentimento". De qualquer maneira, prossegue, como é certamente a única pessoa a possuir um exemplar da obra, não poderá desperdiçar a oportunidade de transcrevê-lo. É óbvio que tudo não passa de pretexto para Heine introduzir um poema de sua própria lavra, sem referir o nome do autor. Assim, exatamente como na aventura de Schnabelewopski com a holandesa, agora é o poema de Tannhäuser que serve de "moldura externa" (*äußerer Rahmen*) para o quadro propriamente dito, que é fruto de sua própria invenção.[54] O livro se encerra com o poema, sem que o leitor seja informado que se trata de versos do próprio Heine.

Nos *Dieux en exil*, há uma mudança importante de estratégia, na qual também se pode perceber como o escritor se aproveita do texto já publicado para remodelá-lo. Agora, o poema "moderno" (que o autor continua afirmando ser "sem dúvida alguma" o único a possuir) figura antes da versão transcrita por Brentano e Arnim, e já não se esconde de quem é a autoria (nesse meio tempo ele havia sido editado em alemão nos *Neue Gedichte*). Também aqui, afirma, é preciso dar aos leitores os dois poemas, mas por uma razão especial: a aproximação dos dois textos "poderá ser muito interessante e muito instrutiva para o crítico que deseja ver de que maneiras diferentes dois poetas de duas épocas inteiramente opostas

---

[54] Idem, pp. 52-64.

trataram a mesma lenda, conservando a mesma fatura, o mesmo ritmo, e quase o mesmo quadro". O crítico não deve se deixar enganar pelas semelhanças na composição: o mesmo tema é em geral trabalhado de maneira inteiramente distinta por dois autores, e a confrontação entre a lenda original e a narrativa inventada revela o "espírito" totalmente diverso das duas épocas. Essas palavras dão a chave da heurística e da hermenêutica de Heine: colocar frente a frente poetas de épocas e espíritos distintos é fazer, segundo sua própria expressão, *anatomia comparada em literatura*.[55]

A ANATOMIA COMPARADA

A expressão "anatomia comparada em literatura" devia soar como clara referência ao paralelismo, já bastante comum na época em que essas linhas são publicadas, entre anatomia e literatura comparada. A anatomia comparada é uma ciência que se estabelecera no início do século XIX, e a literatura comparada dera seus primeiros sinais de existência em meados do século XVIII e ia ganhando força durante o século XIX. Evidentemente, não se tratava, nessa aproximação, de tentar a transposição metodológica de uma ciência que já afirmara sua positividade para um campo de estudo que começava a florescer. A aproximação entre duas disciplinas tão distantes importava mais pelas novas perspectivas que uma abria para a outra.

No capítulo VIII de *As palavras e as coisas*, intitulado "Trabalho, vida, linguagem", Michel Foucault expõe as novidades introduzidas pela anatomia comparada de Cuvier em relação aos sistemas taxonômicos anteriores, presos ainda à noção clássica de "representação". Segundo Foucault, a nova noção de vida introduzida por Cuvier — que instaura as

[55] Idem, p. 238.

"condições de possibilidade de uma *biologia*"— teria como principal ganho o fato de fazer surgir "grandes semelhanças" que, sem ela, "teriam permanecido invisíveis; ela reconstitui as unidades subjacentes às grandes dispersões visíveis".[56] A anatomia não estabelece, como as classificações anteriores, correlações entre elementos "superficiais", visíveis, mas entre unidades "abstratas" que estão, por assim dizer, "ocultas".

Tentando historiar a gênese da literatura comparada, Fernand Baldensperger já comentava igualmente a importância das ciências naturais que então se desenvolviam para a formação da nova teoria dos estudos literários. O historiador e teórico da literatura comparada afirma: "As ciências 'comparativas' em biologia, no primeiro terço do século XIX, tinham se constituído em disciplinas especiais, nas quais a história literária não podia deixar de se inspirar à sua maneira. Cuvier em anatomia comparada (1800-1805), Blainville em fisiologia comparada (1833), Coste em embriogenia comparada (1837), todos eles tinham, com objetivos diversos, publicado seus trabalhos sob o prisma do estudo comparativo: não a simples preocupação — demasiado evidente para qualquer observador — de cotejar os objetos análogos *de um mesmo grupo* para fins de classificação, mas a comparação de fenômenos *destacados, sob certos aspectos, do grupo ao qual normalmente pertencem* e submetidos a uma confrontação que evidencia um caráter comum e, com isso, sugere uma *relação de parentesco e de desenvolvimento entre grupos tidos como estranhos* até então."[57]

Acredita-se, portanto, no século XIX, que o modelo das comparações em biologia pode render bons frutos também

---

[56] Foucault, Michel. *Les mots et les choses. Une archéologie des sciences humaines*. Paris, Gallimard, 1998, p. 282.
[57] Baldensperger, Fernand. "Literatura Comparada: a palavra e a coisa." In: *Literatura Comparada. Textos Fundadores*. Organização de Eduardo F. Coutinho e Tania Franco Carvalhal. Rio de Janeiro: Rocco, 1994, pp. 93-94. Sobre a historização da literatura comparada, cf. Sandra Nitrini, *Literatura Comparada. História, Teoria e Crítica*. São Paulo: Edusp, 2000, e .G.R. Kaiser, *Introdução à Literatura Comparada*. Lisboa: Calouste Gulbenkian, 1989.

em literatura, tal como a descoberta de relações distantes de "parentesco", como assinala o crítico francês, ou as "grandes semelhanças" que, sem a anatomia comparada, teriam permanecido invisíveis, segundo Foucault. Este lembra que uma efervescência similar à verificada na teoria biológica pôde ser percebida com a instituição de uma "gramática comparada", expressão utilizada por Friedrich Schlegel no livro sobre a sabedoria dos hindus, mas que serve para caracterizar todo um grupo de filólogos (o próprio Schlegel, seu irmão August, Grimm, Rask e Bopp) interessados no estudo das semelhanças entre as línguas. Baldensperger fala, por sua vez, de outras matérias de estudo contagiadas pela febre comparativa, entre elas, a "mitologia comparada" — terreno em que se localizam as preocupações de Heine.

Quando se trata do romantismo alemão em geral, é preciso lembrar que a rigor não há uma separação estrita entre os campos de investigação. Assim, a "gramática comparada" não difere rigorosamente da mitografia comparada — ambas seriam já um único conjunto de "língua e literatura comparadas". Mais ainda: nenhuma delas é rigorosamente distinta de qualquer ciência que faça parte das ciências naturais. É por isso que, no caso do romantismo, uma mera aproximação ou paralelismo entre as estruturas da vida biológica e da vida literária, sem deixar de ter sua riqueza, parece no entanto insuficiente. Ali, essas estruturas estão estreitamente ligadas.

Isso porque, na Alemanha, o elo que liga anatomia e literatura começa a ser construído já com os trabalhos de ciência natural de Goethe[58], escritor que, embora respeitasse bastante Cuvier, tinha divergências de abordagem em relação a ele. Divergências, aliás, significativas para as questões aqui tratadas.

Na famosa polêmica que travou em 1830 com Geoffroy Saint-Hillaire, seu colega da Academia Real de Ciências,

---

[58] Cf. René Wellek "O nome e a natureza da literatura comparada". In: *Literatura Comparada. Textos Fundadores*, ed. cit., p. 127.

o barão de Cuvier toca num ponto sensível ao comentar a posição de seus adversários, entre os quais também inclui Goethe:

> Sei bem, diz ele, sei que, para certos espíritos, por trás dessa teoria das analogias pode se esconder, ao menos confusamente, outra teoria bem mais antiga, a qual, já refutada há muito tempo, foi retomada por alguns alemães para favorecer o sistema panteísta que chamam de filosofia da natureza.[59]

Mencionado por Cuvier entre os cientistas alemães defensores desse sistema, Goethe se sente compelido a defender os seus próprios princípios e os de naturalistas que tinham afinidade com ele.

Para Goethe, a controvérsia ocorre porque há uma diferença de posicionamento: de um lado, estão os que, como Cuvier, defendem o que ele chama de "singularismo"; de outro, os que, como ele, concebem os fenômenos de um ponto de vista universalista. Os primeiros insistem em que não é possível ir além das comparações entre espécies singulares; para os outros, não há comparação sem uma ideia universal do que seja o organismo, ideia unicamente pela qual se torna possível a aproximação entre gêneros distintos. A essa ideia universal Goethe deu o nome de *tipo*.

O tipo não é um ser particular, nem um conceito abstrato, mas uma ideia (próxima da ideia reguladora kantiana) que deve abarcar as possíveis variáveis compreendidas numa espécie ou até em diversas espécies, permitindo comparações insuspeitadas. Cuvier acerta, sem dúvida, quando chama a atenção para o caráter panteísta do princípio que norteava a concepção de natureza de seus adversários. A diferença entre

---

[59] Citado por Goethe em *Principes de philosophie zoologique*. In: *Sämtliche Werke*. Munique: dtv, 1977, v. 17, p. 389.

as duas maneiras de fazer anatomia fica então patente: na visão goethiana, não se trata apenas de descobrir relações — por mais "ocultas" que estejam — entre as formas, mas de reconstruir a *história*, a *genealogia* dessas formações, pois todas elas são meras variações proteiformes de uma única protoforma de todos os seres vivos.

A ideia de uma forma primeira da qual se originam todas as outras formas foi bastante fecunda para a teoria literária. Interessante para entender melhor a posição de Heine é compará-la ao estudo da morfologia e das transformações do conto maravilhoso realizado pelo russo Vladimir Propp, que também se inspira diretamente no autor da *Metamorfose das Plantas*.[60] Pelos trechos que seleciona, verifica-se que Propp se apoia na visão especulativa de Goethe sobre a anatomia e a morfologia, para tentar "reconstruir a protoforma do conto maravilhoso"[61]. Tal como acontece com a ideia de um tipo originário, sua hipótese é, confessadamente, indemonstrável, mas pode, segundo ele, se tornar plausível pela análise dos casos concretos.

Na investigação proppiana, também é preciso começar pela comparação das estruturas, mas esse estudo estrutural permitirá também que se compreenda a *gênese* dos contos.[62] A estrutura homogênea do conto, segundo Propp, não pode ser identificada pela dissecação de suas partes ou elementos. A quantidade e a disparidade desses elementos, dos temas e das personagens, são de tal ordem, que não permitem chegar a nenhum denominador comum. Ora, exatamente como ocorre na revolução biológica desencadeada pela anatomia comparada, a estrutura comum dos contos não é dada pelos elementos de que se compõe, mas por *funções* invariáveis (e

---

[60] Propp, Vladimir. *Morphologie du conte*. Paris, Seuil, 1970. Também há tradução brasileira de J. P. Sarhan (São Paulo: Forense Universitária, 1984).
[61] Propp, op. cit., p. 108.
[62] Uma boa elucidação das semelhanças e diferenças da análise de Propp com o método estrutural, sobretudo de Lévi-Strauss, é o ensaio de E. Mélétinski, *L'étude structurale et typologique du conte*. In: *Morphologie du conte*, ed. cit., pp. 203-254.

de número bastante reduzido).[63] É pela função — "a existência pensada em atividade", nas palavras de Goethe[64] — que se pode aproximar e comparar formas em princípio distintas. Esta é a primeira etapa, a etapa sincrônica, tipológica, da análise proppiana, que precisa ser complementada por uma segunda, diacrônica, genealógica. Com a descoberta das "funções" que determinadas personagens, animais ou objetos mágicos exercem nos contos, também se abre uma nova perspectiva sobre a própria historicidade do conto. A repetição das funções, nota ele, é algo que também já havia sido observado por historiadores das religiões[65], e isso faz crer que o conto não seja uma forma *primeira*, mas uma forma *derivada* — e derivada do *mito*. Resumindo, de certo modo, sua interpretação, Propp pode dizer: "A análise dos atributos permite uma *interpretação* científica do conto. Do ponto de vista histórico, isso significa que o conto maravilhoso, em sua base morfológica, é um mito."[66]

O conto é uma transformação do mito: as funções que nele se repetem (com algumas poucas mudanças) refletem certas representações religiosas arcaicas. De acordo com o estudioso russo, pode-se, "à guisa de exemplo", traçar um " breve paralelo" entre contos e crenças, que bem explica sua "hipótese histórica".[67] Nos conjunto de contos por ele analisados, há sempre algo que transporta o herói Ivan pelos ares. Não importa se o "veículo" do transporte é um cavalo alado, um pássaro ou navio voador: essas três formas fundamentais "representam justamente o condutor dos mortos", a *viagem* é uma reminiscência das viagens da alma para o outro mundo.[68]

---

[63] "A partir de Cuvier, a função [*fonction*], definida sob a forma não perceptível do efeito a ser alcançado, servirá de meio termo constante e permitirá relacionar um a outro conjuntos de elementos desprovidos da mínima identidade visível." Foucault, op. cit., p. 277.
[64] "Die Funktion ist das Dasein in Tätigkeit gedacht", op. cit. ("Aforismos e fragmentos"), p. 714. Cf. também, p. 404.
[65] Propp, op. cit., p. 30.
[66] Propp, op. cit., p. 110.
[67] Propp, op. cit., p. 132.
[68] Propp, op. cit., p. 132.

Não será exagerado dizer que, também partindo das investigações goethianas, vários autores do romantismo tiveram intuições aparentadas às análises da *Morfologia do Conto*. Para eles, no estudo de certas narrativas, lendas, baladas antigas etc. também vale o que esse livro revela sobre o conto maravilhoso, isto é, que ele "conserva os traços do paganismo mais antigo, dos costumes e ritos da antiguidade."[69] Essa intuição também é perfeitamente palpável nos *Deuses no exílio*, nos *Espíritos Elementares* e em diversos outros escritos de Heinrich Heine.

Tannhäuser não é Ulisses cristianizado? As Valkírias (etimologicamente "as que escolhem"[70]) não são Parcas escandinavas? Os Nibelungos não são irmãos de sangue dos Argonautas? Quem se esconde por trás do barqueiro que faz as travessias na Frísia, no Reno ou no Tirol, senão Caronte, e quem mais pode ser o comerciante holandês que negocia com o barqueiro senão Hermes Psicopompo, o condutor das almas? Como seus predecessores românticos, Heine intuiu que há semelhanças que não são meras coincidências e que, a despeito das deformações por que passou ao longo dos séculos, a identidade do mito pode se manter intacta nas histórias populares, e nesse aspecto a observação da *função* desempenhada pelas personagens é essencial para desvendá-la. Ele começa então a inventar mais livremente, dando exemplos de como os deuses passaram a desempenhar funções prosaicas similares às que desempenhavam nos seus tempos gloriosos: Apolo teve de viver como pastor na Baixa Áustria, Marte, o deus da guerra, se disfarçou de lansquenete no exército de Frundsberg, e o escritor garante que certa vez Vênus (uma duquesa ou uma *femme entretenue*?) passou por ele e por seu amigo Honoré de Balzac na praça Breda. Mesmo o disfarce mais astucioso dos deuses não escapa a esse preceito: se a

---

[69] Propp, op. cit., p. 108.
[70] Como informa Pierre Grappin em sua edição do *De l'Allemagne* de Henri Heine. Paris, Gallimard, 1998, p. 534.

identidade da fábula é dada pela função, não deve causar estranheza que o prior de um convento seja justamente o encarregado de comandar a celebração dos ofícios de um rito orgiástico, onde os presentes gritam em júbilo a saudação "Evoé, Baco!"[71]

A "mitografia" heiniana pôde se beneficiar extensamente de compilações de histórias e de inúmeros trabalhos sobre mitologia feitos por diversos autores, numa lista que começa por Herder e Moritz, e passa pelos irmãos Schlegel, Schelling, Creuzer, Brentano, Arnim, Jacob e Wilhem Grimm (com quem Heine se encontrou em Cassel em 1827) etc. É neles que o autor encontra pistas valiosas. Transcrevendo, por exemplo, na sua *Deutsche Mythologie* (1844) dois relatos sobre a "travessia de barco" (texto utilizado na composição de *Deuses no Exílio* e traduzido em apêndice neste volume), Jacob Grimm fecha a transcrição com um comentário que dá as linhas gerais das pesquisas de Heine. O famoso linguista e estudioso das tradições populares escreve:

> Em ambas as histórias não se depreende a finalidade da travessia: parecem antiquíssimas lembranças pagãs, *que se modificaram para não se extinguir de todo*.[72]

A ideia que aparece nesse breve comentário é fundamental para entender a guinada que Heine opera na interpretação dos mitos. Os deuses antigos não foram eliminados, mas tiveram de se travestir e disfarçar das mais diferentes maneiras para não desaparecer de todo.

---

[71] A última narrativa de *Os deuses no Exílio*, que relata o destino de Zeus, não é tampouco uma exceção. Ela se constrói sobre uma lenda sueca sobre Tor, compilada por Arvid August Afzelius. Zeus, o que "semeia raios", é então assimilado ao "deus do trovão".
[72] Grimm, Jacob. *Deutsche Mythologie*. Berlim: Dümmler, 4. ed., 1876, p. 694 (grifo nosso). O trecho se encontra no cap. XXVI, intitulado "Almas", subtítulo "Travessia".

A despeito da grande repercussão alcançada pelas ideias de Heine sobre a "sobrevivência dos deuses antigos"[73], dois eminentes contemporâneos dele não hesitaram em contestar o seu potencial "revolucionário". Num texto em que polemiza com o esteticismo da "Escola Pagã" (de Banville e Gautier), Charles Baudelaire troça daqueles que veem no "deus Pã" o grande agente da revolução. Tal "excesso de paganismo" seria próprio a alguém "que leu demais, e mal," o autor Heinrich Heine e sua "literatura podre de sentimentalismo materialista".[74] Já para Karl Marx é difícil imaginar que "a intuição da natureza e das relações sociais que estão no fundamento da fantasia e da mitologia grega" possa ter força para enfrentar teares mecânicos, estradas de ferro, locomotivas e telégrafos elétricos. O que poderiam fazer Vulcano, Júpiter e Hermes frente aos novos tempos, representados por Roberts & Co., pelo para-raios e pelo *Crédit mobilier*? Depois que uma "mitologia suplanta, domina e configura as forças naturais na e pela imaginação", essa mesma mitologia desaparece "com a dominação efetiva dessas forças naturais". É assim que Aquiles não sobrevive à pólvora e ao chumbo, nem a Ilíada à imprensa e à maquina de impressão..."[75]

A frase de Marx merece ser relida: tendo sido parte importante do processo de dominação da natureza, a imaginação mitológica desaparece quando ocorre a "dominação efetiva das forças naturais". A partir daí, já não há lugar para ela no mundo. De inspiração hegeliana, o juízo de Marx se torna tanto mais interessante quando contrastado com a visão diametralmente oposta do romantismo alemão: por ter tentado penetrar a

---

[73] Este é o título do belo livro de Jean Seznec, que é, como diz o subtítulo, um *Ensaio sobre o papel da tradição mitológica no humanismo e na arte da Renascença*. Tradução francesa: Paris: Flammarion, 1993.

[74] Baudelaire, "A Escola Pagã". In: *L'art romantique*. Paris: Garnier Flammarion, 1968, pp. 89-90.

[75] Karl Marx, *Einleitung zur Kritik der Politischen Ökonomie* (texto póstumo) In: *Werke*. Berlin: Dietz, 1961, v. 13, p. 64.

todo custo nos seus "mistérios", o processo de dominação da natureza acaba desestabilizando perigosamente uma ordem frágil, e o resultado é a irrupção de forças sobre as quais os homens não têm controle. Boa parte do que se poderia chamar de "fantasia romântica" consiste de fábulas em que os "filhos" da natureza voltam para vingar a mãe ultrajada. Essa vingança tem em geral um caráter ominoso. Mas este não é o seu único traço, pois ela também assume formas cômicas e humorísticas, principalmente em Hoffmann. Heine parece ter aprendido com ele a combinar as duas coisas.

Nos *Deuses no Exílio*, a combinação do sinistro e do humor já aparece na escolha de fontes "fidedignas" dos relatos e na localização remota e incerta onde eles se passam. A "cena" em que se dão é geralmente algum lugar distante, longe dos centros urbanos mimetizando-se assim o próprio movimento de fuga das divindades antigas. A tradição oral, de fato, só continua existindo em regiões afastadas, onde se encontram amas que falam em dialeto ou velhas pastoras, como aquela da região de Hessen de cuja boca os irmãos Grimm recolheram histórias. Só nesses torreões longínquos pode sobreviver o *paganismo*, entendido no seu sentido mais estrito de crença do *paganus*, ou seja, do camponês ou aldeão que vive nos campos, longe da cidade. Como lembra o crítico Northrop Frie: "As divindades locais — as ninfas, faunos e sátiros de uma mitologia mais tardia — fazem parte do sentimento de *natura naturans*, do 'paganismo' que é a crença instintiva do *paganus* ou *paysan*, muito próximo desse gênero de natureza e muito afastado dos centros do desenvolvimento social."[76]

---

[76] Op. cit., p. 118. Na *Escola Romântica*, já se afirmava que espectros não poderiam existir em Paris (livro III, 2). Théophile Gautier responde a Baudelaire em seu balé *Giselle*: "Dizeis num acesso de humor: 'Como um espectro poderia existir em Paris?´...Pois bem, tomando vossos fantasmas pálidos e charmosos pela ponta de seus dedos de sombra, precisei apenas apresentá-los para que fossem acolhidos da maneira mais polida do mundo... Foram as *willis* que por primeiro receberam o direito de ser cidadãs na bem pouco fantástica rua Lapelletier." (Citado por Oliver Boeck, *Heines Nachwirkung und Heine-Parallelen in der französischen Dichtung*. Göppingen: Alfred Kümmerle, 1972, pp. 61-62.)

Baudelaire e Marx têm toda a razão: não há como negar o caráter retrógrado, anacrônico, da imaginação "pagã".

Nos relatos que compõem os *Deuses no Exílio*, a figura do rústico ingênuo é representada principalmente pelo barqueiro tirolês contratado pelos três monges para fazer a travessia do rio. Heine brinca com sua credulidade. Diferentemente do leitor "culto e bem instruído", conhecedor dos baixos-relevos da antiguidade, o simplório barqueiro custa a compreender que a orgia a que assiste na clareira da floresta é um bacanal, uma festa em homenagem ao deus Dioniso. Quando decide ir ter com o prior de um convento vizinho, o seu testemunho é inócuo, já que o reverendo padre é provavelmente ninguém menos que Âmpelos, o jovem amado pelo deus do vinho. O pobre barqueiro, temendo ser punido com chibatadas pelo "braço secular" do Santo Ofício, guarda para si o segredo, e só anos mais tarde o revela a seus familiares.

O tirolês ingênuo paga o preço por sua bisbilhotice, por não resistir à tentação de descobrir o que se esconde sob os hábitos dos franciscanos, seguindo-os até o lugar em que se dá a celebração anual (fantasmagórica) dos ritos de fertilidade. O primeiro livro da *Contribuição à História da Religião e Filosofia na Alemanha* também traz várias historietas em que a curiosidade em relação às feições dos duendes tem um desfecho funesto. A punição não tarda para quem "profana" os mistérios da natureza e da religião.

Para Schelling, uma das façanhas do politeísmo grego foi saber ocultar aquilo que havia de pavoroso nas religiões anteriores, foi saber encobrir (*verhüllen*) o que não devia ser revelado, fazendo-o retrair para o interior, para o mistério. O "céu puro" que paira sobre os poemas homéricos só se descortinou depois que se conteve "a violência sombria e assombrosa do princípio pavoroso" que ainda "imperava nas religiões mais antigas". Pois "pavoroso", ("sinistro" ou "ominoso") se chama "tudo aquilo que deveria permanecer em segredo, oculto, em latência, e aflorou".[77] O que deveria permanecer "ao abrigo" (*heim*), "em segredo" (*geheim*, *Geheimniß*), se revela fatídico, funesto, medonho quando é posto a descoberto, fora de seu abrigo (*unheimlich*). Essa explicação com pretensões etimológicas que Schelling dá ao termo *Unheimlich* na *Filosofia da Mitologia* é não por acaso lembrada por Freud, quando, em sua análise do *Homem da Areia* de Hoffmann, procura explicar o que suscita o sentimento do "sinistro", que seria o sentimento de algo que é familiar e estranho ao mesmo tempo, e estaria ligado ao recalque (*Verdrängung*): o *Unheimlich* "não é de fato algo novo ou estranho, mas algo desde muito tempo familiar à vida psíquica, que se lhe tornou estranho pelo processo de recalque".[78] A experiência do "duplo" no conto de Hoffmann ajuda a perceber esse mecanismo psíquico: a figura familiar do pai é assimilada às figuras sinistras do advogado Coppelius e ao vendedor de barômetros Giuseppe Coppola. Assim, pela análise do "caso Nathanael" (que não seria senão o próprio Hoffmann e seu medo da castração, o que talvez seja discutível), mas também pela leitura dos *Elixires do Diabo*, Freud conclui que o escritor romântico "é o mestre inigualável do *Unheimlich* na poesia", pois ninguém soube descrever como ele a "duplicação", a "divisão", a "permutação" do eu (*Ich-Verdoppelung, Ich-Teilung, Ich-Vertauschung*). Freud assinala ainda o parentesco do tema do "duplo" com o dos "deuses no exílio":

> O caráter do sinistro [*des Unheimlichen*] só pode provir de que o duplo é uma formação pertencente a eras psíquicas primordiais, superadas, e que tinha então, sem dúvida, um sentido mais amistoso. O duplo se tornou uma assombração [*Schreckbild*], assim como

---

[77] Schelling, *Filosofia da Mitologia*. In: *Werke*, V, Ergänzungsband, p. 515.
[78] Freud, S. "Das Unheimliche." In: *Gesammelte Werke*. Frankfurt: Fischer, 1991. *Werke aus den Jahren 1917-1920*, pp. 235 e 254.

os deuses se tornaram demônios depois da queda de sua religião. (Heine, *Os Deuses no Exílio*).[79]

O duplo surge com um "narcisismo primitivo" (*uranfänglich*) e não sucumbe com ele, mas ganha "novo conteúdo" nos estágios ulteriores de desenvolvimento do eu. "No eu se forma lentamente uma instância particular, que pode se opor ao eu restante, instância que serve à auto-observação e autocrítica, que exerce o trabalho da censura psíquica e é conhecido de nossa consciência [*Bewußtsein*] como 'consciência' [ou 'consciência moral': *Gewissen*]." A capacidade de auto-observação do ser humano é o que torna possível que ele preencha a "antiga representação do duplo com um novo conteúdo", e que atribua a ela "muita coisa", principalmente "tudo aquilo que aparece à autocrítica como pertencendo ao velho narcisismo superado dos tempos arcaicos."[80]

É pena que Freud não comente mais detidamente o texto de Heine a que faz breve menção, e como ele o ajudou a entender o mecanismo psíquico que descreve, tal como ocorre na análise das tiradas heinianas em seu escrito *O chiste e sua relação com o inconsciente*. Como quer que seja, a aproximação que faz com o duplo hoffmanniano ajuda sem dúvida a entender melhor a problemática dos deuses exilados.

Para Heine, tanto o indivíduo quanto a história são entendidos como um jogo incessante entre velamento e desnudamento, em que as "forças arcaicas", que se julgam "sepultadas", estão a todo tempo na iminência de ressurgir. É um embate, tanto no plano psicológico, quanto no plano ideológico, entre o "heleno" e o "nazareno". Os homens se apresentam para si mesmos, ora na figura de um respeitável

---

[79] Idem, ibidem, p. 247-248.
[80] Idem, ibidem.

prior de convento, ora de um jovem lúbrico, ora na figura de Cristo, ora na de Dioniso.[81] O sacerdote que veste e tira o capuz é uma imagem das próprias abjurações e conversões por que passou Heine. Ele mesmo a utilizou, quando se definiu como um "romantique defroqué" ("romântico que deixou a batina"). Mas ela é também uma imagem das aspirações contraditórias que, para ele, guiavam os movimentos socialistas. Se os helenos tiveram de se travestir para poder sobreviver, o mesmo sujeito histórico portador das forças do futuro também pode se transformar num destruidor iconoclasta, que age contra a criação artística com o mesmo fervor religioso de um cristão intolerante.[82] Os agentes da revolução, sem o perceber, convertem-se em defensores do ascetismo e da pobreza intelectual. Grande parte da força que o leitor de hoje sente nos escritos do autor parece provir da impressão estranha de estar lendo uma obra por assim dizer escrita por Karl Marx e revista por Friedrich Nietzsche.

A identidade do duplo — Holandês Voador/Schnabelewopski, Ulisses/Tannhäuser, Cristo/Dioniso — explica a coincidência metodológica da mitografia pagã e cristã, e porque ambas se interessam exatamente pelos mesmos fenômenos. Em suas investigações sobre o mito, Schelling exprime uma mesma desconfiança em matéria de história: "No curso dos tempos", diz ele, "muita coisa (não

---

[81] Em sua "Notiz über Heine", Thomas Mann assinala que a descrição do nazareno em Heine já antecipa a filosofia de Nietzsche. O termo "nazarenos" designa originalmente um grupo de artistas plásticos românticos que procurava renovar a arte cristã. Por sua proximidade com o catolicismo vienense e com a Restauração, o "nazareno" passa a ser o símbolo da reação e de uma concepção filistina da arte para Heine, que lhe opõe o "heleno". A identificação Dioniso — Cristo no romantismo foi estudada em detalhe por Manfred Frank em seu livro *O deus que virá* (tradução francesa em cinco volumes *Le dieu à venir*. Paris: Actes du Sud, 1989).

[82] A interpretação aqui esboçada se mantém próxima de uma leitura mais ortodoxa da relação de Heine com o socialismo, refutada de maneira um tanto engenhosa por Dohl Oehler em seu ensaio "A precisão de Heine. Profissão de fé, ironia e raciocínio político". In: *Terrenos Vulcânicos*. São Paulo: Cosac & Naif, 2004.

sabemos porém o quê) pode ter sido encoberta, algumas (é um destino de doutrinas mais elevadas e superiores) podem ter sido turvadas e ter tido sua significação roubada [*der Bedeutung beraubt werden*]", mas quaisquer que sejam os velamentos (*Verhüllungen*) que sofreu, quaisquer que possam ter sido os rumos que tomou ("*welche Richtungen sie genommen haben mag*"), o pensamento fundamental de uma doutrina não pode ser destruído, e o "todo" dela permanece sempre reconhecível.[83]

A investigação desconfiada, suspicaz, das fontes mitológicas descobre o significado do "velamento". Este é o destino das "doutrinas mais elevadas e superiores", afirma o texto sobre as divindades da Samotrácia. Heine pode aceitar os princípios desse método histórico-crítico, mas não só lhe inverte os sinais, como também, no caso específico dos ritos, lhe dá um sabor humorístico e *picante*, pois a curiosidade natural em relação aos "Mistérios" (curiosidade acompanhada de punição aos não iniciados) é reformulada por ele na chave de um *voyeurismo* doentio, ligado a um desejo sobre aquilo que é "velado", "proibido". Schnabelewopski brinca com o leitor que quer saber o que se passou entre ele e a bela holandesa, assim como o narrador de *Os Deuses no Exílio*

---

[83] Schelling, F.W.J. *Über die Gottheiten von Samothrake*. In: *Werke*, V, p. 388. Sobre a importância deste filósofo para a concepção romântica da natureza, cf. a seção 4 do livro II de *A Escola Romântica*, onde se faz um contraste entre Novalis e Hoffmann. Este último não seria um romântico. Tendo sido aluno de Hegel em Berlim, Heine chegou a assistir a aulas de Schelling em Munique. O relato indireto que faz desse curso ao lagarto erudito dos Apeninos, em *A cidade de Luca*, é uma peça a parte por sua comicidade. Instado pelo sábio animal a fazer uma comparação entre os dois grandes filósofos de sua época, diz o narrador: "As exposições de Schelling se parecem mais com aquelas imagens feitas na Índia, que são compostas por ligações estranhas de todo tipo de animais, cobras, pássaros, elefantes e outros ingredientes vivos. Essa forma de exposição é muito mais prazerosa, alegre, pulsante e quente, ali tudo vive, enquanto as abstratas cifras hegelianas nos fitam de uma maneira cinzenta, fria e morta". Ao que o velho lagarto, retruca: "Bom, bom... já percebi o que o senhor quer dizer..." Heine também faz uma apreciação crítica da filosofia schellingiana na *Contribuição à história da religião e filosofia na Alemanha*. São Paulo: Iluminuras, Biblioteca Pólen, 1991.

brinca com o pescador tirolês que quer saber o que há sob o capuz dos monges.

Se Heine segue um método de interpretação histórica semelhante ao dos autores do romantismo, é porque o antídoto opera pelos mesmos princípios que combate. Mesmo em tempos posteriores e lugares remotos ainda é possível reconhecer as características gerais de uma doutrina, de um rito, de uma religião que desapareceu. Sua originalidade, como se viu, consiste em mostrar que o que está em jogo são duas visões conflitantes sobre o mundo e que, portanto, o método deve ser usado com fins desmistificadores, como contraponto a uma delas.

Mas não só isso. Sua originalidade também está em mostrar que o fim do culto antigo, a diáspora dos seus deuses, é ao mesmo tempo uma *dispersão na forma*. Vladimir Propp assinala que, a partir do momento em que "uma cultura, uma religião morre", o conteúdo delas se transforma em conto."[84] O "conteúdo" cultural e religioso, os próprios ritos que desaparecem são fixados numa *forma* e, mais exatamente, numa forma *fugaz*. Quando a coesão de uma mitologia é desfeita, os mitos individuais se dispersam e se refugiam em formas literárias "errantes" ou "nômades". É o que indica Northrop Frie:

> ...um mito toma seu lugar numa mitologia, grupo de mitos ligados uns aos outros, ao passo que os contos populares permanecem nômades, viajando pelo mundo e trocando seus temas e seus motivos.[85]

A intuição literária, histórico-religiosa, de Heine está em perceber que o nomadismo, a fuga, é também um problema de invenção e sobrevivência *formal*, e não por acaso ele tenta também projetar o seu exílio em Paris nessa história universal

---
[84] Propp, op. cit., pp. 131-132.
[85] Frie, op. cit., p. 77.

das formas nômades. O importante no trabalho mitográfico não é tentar restabelecer a mitologia original, sem dúvida definitivamente perdida para um realismo histórico grosseiro, mas não inteiramente perdida se o escritor é capaz de perceber e reutilizar criativamente as formas em que ela sobreviveu. Aliás, sua força literária será proporcional à sua capacidade de reavivar uma fábula antiga.

Este é o lado "sério" do ofício do escritor, *ofício* num sentido religioso da expressão, uma vez que a palavra-chave aqui é "piedade". Comentando a diferença entre o *Fausto* de Goethe e a versão para um balé que escreveu sob encomenda para o empresário inglês Benjamin Lumley, Heine diz que a vantagem de seu "poema-bailado" sobre a obra do "Grande Pagão" está no seu "apego fiel" à saga antiga, enquanto as liberdades tomadas por Goethe são as liberdades de um cético, mostrando a sua falta de piedade (*Pietät*).[86] O ato de escrever é um gesto piedoso, no sentido etimológico de *pius* ou "o que cumpre os deveres para com os deuses". Essa mesma compreensão do ato de escrever como celebração de um rito — de um rito de fertilidade — reaparece quando enfatiza a diferença que existe entre a mera documentação das crenças e tradições antigas, realizada por pesquisadores eruditos, e a "ressurreição" dessas lendas pela escrita "viva" (a sua própria). A primeira se assemelha a uma forma de embalsamar o passado, a segunda ao "emprego de arcanos que não se encontram senão na farmácia do poeta", que realiza, assim, uma "obra piedosa".[87] Se não brincasse também com o sentido cristão da expressão (*oeuvre pieuse* no francês), Heine não seria Heine. Ora, o poder de passar pelo sofrimento, pela morte cruel e, apesar disso, gozar de uma "vida indestrutível" não é característica do deus grego com que ele se identifica? Diferentemente de um Osiris que não volta à vida na plena

---

[86] Dr. Faust. Ein Tanzpoem. In: *Sämtliche Werke, Düsseldorfer Ausgabe*, v. 9, pp. 101-102.
[87] Op. cit., v. 9, p. 227. Texto traduzido no apêndice deste volume.

força da expressão (o alvo é August Wilhelm Schlegel)[88], o deus Dioniso sempre volta intacto de sua descida aos ínferos. Não é um sinal de força que uma religião tenha se preservado depois de sua derrocada? E a própria História não parece se explicar por um movimento semelhante ao do mito? É esse mesmo poder do mito que diferencia, para Heine, a sua arte da dos demais escritores: em seu estilo pulsaria uma força rejuvenescedora. Ele não se arroga o direito de ter sido o primeiro a dissertar sobre a continuidade da crença nos deuses, tema que já fora tratado por diversos eruditos modernos. À diferença destes, no entanto, que o "mumificaram e enterraram nos caixões de madeira de seu linguajar científico, confuso e abstrato", ele quer ser visto como o escritor que trouxe aquelas ideias "de volta à vida real pelo poder mágico da palavra"[89].

Entendido dessa forma, o "ofício" do escritor seria para Heine uma combinação paradoxal de piedade e fecundidade, de devoção e *hybris*. Num de seus repentes de lúcida imodéstia (que, não por acaso, serão caros a Nietzsche), Heine chamou a si próprio um "estilista" (*Stylist*), um "mestre da língua" (*Meister der Sprache*). Ele fala como um heleno, como um goethiano, um escritor cuja fertilidade helênica se contrapõe à linguagem esquálida e impotente dos "nazarenos". Com isso, estava também plenamente convencido de que o que perturbava as autoridades alemãs, o que as levara a censurar suas obras e a fazer com que ele mesmo tivesse um destino semelhante ao dos seus deuses, não eram as suas ideias, mas a mestria, a força mágica (*Zauberkraft*) de sua escrita. O estilo teria sido a causa do seu "anátema", do seu próprio exílio.[90]

---

[88] Heine, *A Escola Romântica*, Livro II, 1.
[89] Op. cit., v. 9, pp. 125-126. Texto traduzido no apêndice deste volume.
[90] Op. cit., p. 294. Texto traduzido no apêndice deste volume.

BIBLIOTECA PÓLEN

ANTROPOLOGIA DE UM PONTO DE VISTA PRAGMÁTICO
Immanuel Kant

O CONCEITO DE CRÍTICA DE ARTE NO ROMANTISMO ALEMÃO
Walter Benjamin

DEFESAS DA POESIA
Sir Philip Sidney / Percy Bysshe Shelley

DIALETO DOS FRAGMENTOS
Friedrich Schlegel

A EDUCAÇÃO ESTÉTICA DO HOMEM
Friedrich Schiller

FRAGMENTOS PARA A HISTÓRIA DA FILOSOFIA
Arthur Schopenhauer

Veja outros títulos da coleção no
www.iluminuras.com.br

CADASTRO
ILUMI*N*URAS

Para receber informações sobre nossos lançamentos e promoções envie e-mail para:

cadastro@iluminuras.com.br

Este livro foi composto em Times pela *Iluminuras* e terminou de ser impresso em setembro de 2020 nas oficinas da *Meta solutions*, em Cotia, SP, em São Paulo, SP, em papel offwhite 80 gramas.